FTK를 이용한 컴퓨터 포렌식

FTK를 이용한 컴퓨터 포렌식

실무에서 활용하는 포렌식 통합 분석

페르난도 카르보네 지음 | 김도균 옮김

BIRMINGHAM - MUMBAI - SEOUL

Unity 3D Game Development by Example 한국어판
BackTrack 4 한국어판
Android User Interface Development 한국어판
Nginx HTTP Server 한국어판
BackTrack 5 Wireless Penetration Testing 한국어판
Flash Game Development by Example 한국어판
Node Web Development 한국어판
XNA 4.0 Game Development by Example 한국어판
Away3D 3.6 Essentials 한국어판
Unity 3 Game Development Hotshot 한국어판
HTML5 Multimedia Development Cookbook 한국어판
jQuery UI 1.8 한국어판
jQuery Mobile First Look 한국어판
Play Framework Cookbook 한국어판
PhoneGap 한국어판
Cocos2d for iPhone 한국어판
OGRE 3D 한국어판
Android Application Testing Guide 한국어판
OpenCV 2 Computer Vision Application Programming Cookbook 한국어판
Unity 3.x Game Development Essentials 한국어판
Ext JS 4 First Look 한국어판
iPhone JavaScript Cookbook 한국어판
Facebook Graph API Development with Flash 한국어판
CryENGINE 3 Cookbook 한국어판
워드프레스 사이트 제작과 플러그인 활용
반응형 웹 디자인
타이타늄 모바일 앱 프로그래밍
안드로이드 NDK 프로그래밍
코코스2d 게임 프로그래밍
WebGL 3D 프로그래밍
MongoDB NoSQL로 구축하는 PHP 웹 애플리케이션
언리얼 게임 엔진 UDK3
코로나 SDK 모바일 게임 프로그래밍
HBase 클러스터 구축과 관리
언리얼스크립트 게임 프로그래밍
카산드라 따라잡기
엔진엑스로 운용하는 효율적인 웹사이트
컨스트럭트 게임 툴로 따라하는 게임 개발 입문
하둡 맵리듀스 프로그래밍
RStudio 따라잡기
웹 디자이너를 위한 손쉬운 제이쿼리
센차터치 프로그래밍
노드 프로그래밍
게임샐러드로 코드 한 줄 없이 게임 만들기
안드로이드 데이터베이스 프로그래밍

아이폰 위치 기반 애플리케이션 개발
마이바티스를 사용한 자바 퍼시스턴스 개발
Moodle 2.0 이러닝 강좌 개발
티샤크를 활용한 네트워크 트래픽 분석
Ext JS 반응형 웹 애플리케이션 개발
아파치 톰캣 7 따라잡기
제이쿼리 툴즈 UI 라이브러리
코코스2d-x 모바일 2D 게임 개발
노드로 하는 웹 앱 테스트 자동화
하둡과 빅데이터 분석 실무
아이폰 애플리케이션 성능 튜닝
JBoss 인피니스팬 따라잡기
이클립스 4 플러그인 개발
JBoss AS 7 따라잡기
자바 7의 새로운 기능
코드이그나이터 MVC 프로그래밍
마리아DB 따라잡기
오파 웹 애플리케이션 개발
익스프레스 프레임워크로 하는 노드 웹 앱 프로그래밍
JBoss AS 7 애플리케이션 개발
Android Studio Application Development 한국어판
이클립스 Juno 따라잡기
Selenium 웹드라이버 테스트 자동화
R과 Shiny 패키지를 활용한 웹 애플리케이션 개발
자바스크립트로 하는 유니티 게임 프로그래밍
Jersey 2.0으로 개발하는 RESTful 웹 서비스
Python Design Patterns
Kali Linux 실전 활용
Building Machine Learning Systems with Python 한국어판
JavaScript Testing
유니티 NGUI 게임 개발
Sublime Text 따라잡기
Hudson 3 설치와 운용
Git을 이용한 버전 관리
유니티 Shader Effect 제작
아파치 Solr 4 구축과 관리
Emgu CV와 테서렉트 OCR로 하는 컴퓨터 비전 프로그래밍
언리얼 UDK 게임 개발
Cuckoo 샌드박스를 활용한 악성코드 분석
Laravel 웹 애플리케이션 개발
아파치 Kafka 따라잡기
C#으로 하는 유니티 게임 개발
Storm 실시간 빅데이터 분석 플랫폼
FTK를 이용한 컴퓨터 포렌식
AngularJS로 하는 웹 애플리케이션 개발

acorn+PACKT 시리즈를 시작하며

에이콘출판사와 팩트 출판 파트너십 제휴

첨단 IT 기술을 신속하게 출간하는 영국의 팩트 출판(PACKT Publishing, www.packtpub.com)이 저희 에이콘출판사와 2011년 5월 파트너십을 체결하고 전격 제휴함으로써 acorn+PACKT Technical Book 시리즈를 독자 여러분께 선보입니다.

2004년부터 전문 기술과 솔루션을 독자에게 신속하게 출간해온 팩트 출판은 세계 각지에서 시스템, 애플리케이션, 프레임워크 등을 도입한 유명 IT 전문가들의 경험과 지식을 책에 담아 새로운 소프트웨어와 기술을 업무에 활용하려는 독자들에게 전문 기술과 경쟁력을 공유해왔습니다. 특히 여타 출판사의 전문기술서와는 달리 좀 더 심도 있고 전문적인 내용으로 가득 채움으로써 IT 서적의 진정한 블루오션을 개척합니다. 따라서 꼭 알아야 할 내용은 좀 더 깊이 다루고, 불필요한 내용은 과감히 걸러냄으로써 독자들에게 꼭 필요한 심층 정보를 전달합니다.

남들이 하지 않는 분야를 신속하고 좋은 품질로 전달하려는 두 출판사의 기업 이념이 맞닿은 acorn+PACKT Technical Book 시리즈의 출범으로, 저희 에이콘출판사는 앞으로도 국내 IT 기술 발전에 보탬이 되는 책을 열심히 펴내겠습니다.

www.packtpub.com을 둘러보시고 번역 출간을 원하시는 책은 언제든 저희 출판사 편집팀(editor@acornpub.co.kr)으로 알려주시기 바랍니다.

감사합니다.

에이콘출판㈜ 대표이사
권 성 준

지은이 소개

페르난도 카르보네 Fernando Carbone

정보 보안 및 컴퓨터 포렌식 분야에서 15년 이상의 근무 경력이 있으며, 브라질 상파울루에 위치한 PwC라는 회사에서 포렌식 기술 서비스 책임자로 근무 중이다. 회사에서 디지털 범죄 수사, 전자 증거 수집 프로세스, 소송 기술 지원을 전담하고 있다.

우니방코 앤 이타우 Unibanco and Itau라는 금융 회사에서 7년간 근무했으며, 10만 달러 이상의 조사 프로젝트와 컴퓨터 포렌식에 참여했다. 금융 기관에서 사고대응 팀 구성 책임자를 역임했다.

현재 메켄지 대학교 Universidade Presbiteriana Mackenzie와 임팩트 테크놀러지아 Impact Tecnologia에서 컴퓨터 포렌식 석사과정 교수로 근무 중이다. EnCE, ACE, CHFI, CEH, Security+, CoBIT, ITIL, ISO 27002 외의 여러 자격증을 보유하고 있다.

IBTA Instituto Brasileiro de Tecnologia Avancada에서 네트워크 컴퓨터 Network Computers 학위를 받고, 정보 보안 Information Security 석사 학위를 수료하고, IBTA에서 프로젝트 관리 Project Management 석사 학위를 수료했다.

처음으로 출판하는 책이다.
이 책이 나오기까지 지원과 격려를 해준 나의 가족에서 고마움을 전하며, 집필 과정에서 도움을 준 PwC 친구들에게 고마움을 전한다.

프로젝트 지원과 검토에 지원을 해준 홀라아나 드'아디오에게 고마움을 전한다.

책을 집필하는 데 도움을 주신 분들의 이름을 기재해 그들의 노력에 감사를 표현하고자 한다. 각 장의 기술 주제 토론에 도움을 준 호세 프란시, 홀리오 베나토, 알렌 라이, 호아오 카스틸로와 책의 아이디어를 믿고 연구 기회를 준 PwC 동료인 에드가 드'안드레아에게 감사를 표한다.

그레트첸 게겐Gretchen Gueguen

기록보관소 및 도서관 컨설턴트로, 디지털 도서관 및 기술 전문이다. 버지니아 대학에서 디지털 기록 보관 담당자로 있었으며, 그곳에서 처음으로 디지털 기록 보관 관리 및 디지털 포렌식 프로그램을 만들었다. 이전에 동부 카롤리나 대학과 메릴랜드 대학에서 디지털 도서관 프로젝트에 참여했다. 메릴랜드 인문 기술기관에서 디지털 인문학을 시작으로, 현재는 토마스 맥그리비 기록 보관소에서 근무 중이다.

제이콥 헤일리크Jacob Heilik

캐나다 연방정부의 법 집행(규정 준수 및 범죄 수사) 분야에서 35년간 근무했다. 마지막 10년은 디지털 포렌식(현장 조사 및 압수, 실험실 분석, 유능한 조사관과 분석가 팀 관리)을 배우고 활동하면서 보냈다. 2009년 은퇴 후, 법 집행에 있어 디지털 포렌식 기술 향상에 전념을 다하고 있다. 긍정적인 영향을 주고자 하는 의지와, 그에 연계된 사항들을 개선하고자 하는 목표 의식으로 인터폴, 유로폴, 유럽 사이버 범죄 교육 및 교육 단체European Cybercrime Training and Education Group, 더블린 대학에서 지원하는 프로젝트에 참여해 세계 각국의 교육관들에게 도움을 주고 있다.

파라즈 시디키Faraz Siddiqui

포렌식 화학Forensic Chemistry 학사를 취득했다. 직장 생활을 하던 중 기술 향상을 위해 재입학을 결심했다. 디지털 포렌식 석사학위를 취득한 후 컴퓨터 보안 분야에 근무 중이다. 최신 기술에 몰두하지 않는 경우 아름다운 아내와 아이와 함께 시간 보내기를 좋아한다.

옮긴이의 말

우리는 0과 1이라는 디지털 세상에 살고 있으며, 컴퓨터, 태블릿, 스마트폰 등 디지털 기기는 생활의 일부분으로 자리 잡았다. 디지털 기기들은 많은 편리함을 제공해주지만 악용할 경우 디지털 범죄로 이어져 사회와 경제에 심각한 피해를 주기도 한다. 익히 들어 알겠지만 개인 정보 유출, 기업의 중요 데이터 유출, 금융권 사이버 범죄는 디지털과 관련된 사건 사고에 해당한다. 이런 사건, 사고 현장에는 디지털 증거를 수집하고 획득하고 분석하는 중요한 일을 담당하는 디지털 조사관이 있으며, 이런 기술을 디지털 포렌식이나 컴퓨터 포렌식이라고 한다.

디지털 포렌식의 역사는 30여 년 이전으로 거슬러 올라갈 수 있지만, 국내에 본격적으로 디지털 수사, 디지털 포렌식이란 용어를 사용한 것은 불과 10년이 채 되지 않았다. 그 기술 또한 아직은 해외에서 개발된 포렌식 툴에 다소 의존하고 있다. 이런 부분이 아쉽지만, 디지털 증거 자료를 수집부터 분석까지 통합적으로 할 수 있는 디지털 포렌식 분야에서 이미 유명한 툴인 FTK를 독자에게 소개하게 돼 매우 기쁘다.

대부분의 디지털 포렌식 툴은 디지털 포렌식 절차를 따라 체계적으로 디지털 증거를 수집하고, 무결성을 확보한 후 분석 단계를 걸쳐 보고서를 작성한다. 디지털 포렌식은 이런 매우 복잡한 과정을 거쳐야 하며, 따라서 디지털 기기에 대한 하드웨어 지식뿐만 아니라 시스템, 네트워크, 애플리케이션, 데이터베이스 등의 분야에 대한 깊은 이해와 기술이 필요하다. 디지털 포렌식이야말로 모든 IT 기술의 집합체라고 봐도 과언이 아니며, 다른 IT 기술 분야보다 많은 시간과 노력을 기울어야 한다.

최근에는 빅데이터라고 일컬어지듯이 데이터의 크기가 커지고 디지털 포렌식을 대응하는 안티포렌식 기법이 온라인에 쏟아져 나오고 있으며, IT 기술이 디지털 포렌식 관련 법률보다 더 빠르게 발전함에 따라 이 분야에 관심을 갖고 배우는 것이 다소 어렵게 느껴질 수 있을지도 모르겠다. 모쪼록 이 책을 기반으로 디지털 포렌식의 이해를 돕고 더 나아가 국내 디지털 포렌식 발전에 기여하기를 희망한다.

옮긴이 소개

김도균 the1scream@gmail.com

"Command 한 줄보다는 아키텍처를 이해하는 데 최선을 다해야 한다."는 믿음을 갖고 있는 고집스런 시스템 엔지니어다. 15년간 IT 분야에서 근무했으며, 네트워크, 해킹 및 보안, 서버, 데이터베이스 등 다양한 IT 분야에 경험이 많다. IT 분야에 종사하는 엔지니어들과의 만남을 좋아하며, 업무 효율성과 개선 방향에 대한 열띤 논쟁을 즐기기도 한다.

최근에는 보안프로젝트(www.boanproject.com)에서 PM을 담당 중이며, 네트워크/시스템 보안에 대한 다양한 글을 기고하고, 해외 해킹/보안 관련 이슈를 번역하는 프로젝트를 맡고 있다.

목차

지은이 소개   6

감수자 소개   7

옮긴이의 말   8

옮긴이이 소개   9

들어가며   15

1장 FTK를 이용한 컴퓨터 포렌식 시작   19

FTK 다운로드   21

     FTK 요구 사항   21

     FTK와 데이터베이스 설치   22

     FTK 처음 실행   24

정리   25

2장 FTK Imager를 이용한 작업   27

데이터 저장 매체   28

수집 도구   29

이미지 포맷   30

FTK Imager 인터페이스   32

     메뉴 바   33

     툴바   33

     보기 창   34

FTK Imager 기능   35

     증거물 추가와 미리 보기   35

     포렌식 이미지 생성   37

     이미지 마운트   38

     메모리 캡처 기능   39

     보호된 파일 얻기   40

EFS 암호화 검출   41

정리   42

3장 레지스트리 뷰어를 이용한 작업   **43**

윈도우 레지스트리 구조의 이해   45

레지스트리 뷰어의 주요 기능   46

보고서 생성   48

FTK 통합   48

타임존 설정 확인   50

계정 정보   51

정리   52

4장 FTK 포렌식 작업   **53**

컴퓨터 포렌식과 FTK 소개   54

준비   54

수집과 보존   55

분석   55

보고서와 제출   56

그룹과 사용자 관리   56

새로운 사건 조사 생성   59

FTK 인터페이스   62

사건 처리 옵션   64

사건 증거 정제   67

정리   70

5장 사건 처리　　71

타임존 변경　　72

복합 파일 마운트　　73

파일이나 폴더 내보내기　　75

칼럼 설정　　76

북마크 생성과 관리　　78

추가 분석 기능　　80

데이터 카빙　　81

KFF를 이용한 사건 검색 범위 축소　　83

사건 검색　　85

인덱스 검색과 라이브 검색 옵션　　86

정규 표현식　　87

필터 작업　　88

사건 보고서 작성　　90

정리　　92

6장 FTK 5의 새로운 기능　　93

분산 처리　　94

암호화 지원　　94

데이터 시각화　　95

싱글 노드 엔터프라이즈　　96

고급 휘발성 메모리 분석　　99

명백한 이미지 탐지　　100

케르베로스를 이용한 악성코드 분류와 분석　　102

MPE　　104

정리　　104

7장 PRTK를 이용한 작업　　107

PRTK 개요　　108

PRTK 인터페이스 이해　　109

사전 생성과 관리　　110

패스워드 복구를 위한 세션 시작　　111

　　프로파일 관리　　112

DNA　　114

정리　　115

찾아보기　　116

들어가며

『FTK를 이용한 컴퓨터 포렌식』에 온 것을 환영한다. 이 책은 FTK 조사 플랫폼을 시작하는 데 필요한 모든 정보를 제공할 목적으로 특별히 출판됐다. 독자는 컴퓨터 포렌식의 기초 지식과 디지털 조사를 수행해 법정 채택용 증거를 만드는 FTK 사용법을 배울 것이다.

✳ 이 책에서 다루는 내용

1장, FTK를 이용한 컴퓨터 포렌식 시작에서는 FTK 기본 설치 및 설정, 그리고 디지털 조사를 위한 랩 환경 구성 방법을 알아본다.

2장, FTK Imager를 이용한 작업에서는 메모리와 같은 휘발성 데이터에서 디지털 기기의 포렌식 이미지 생성을 위한 FTK Imager 툴의 사용법을 배운다.

3장, 레지스트리 뷰어를 이용한 작업에서는 윈도우 레지스트리^{Windows Registry}에서 관련된 정보에 접근하고 추출을 위해 레지스트리 뷰어^{Registry Viewer}를 이용한 작업 방법에 대해 단계별 예시를 보여주고, 수사에서 이 정보가 얼마나 중요한지 알려준다.

4장, FTK 포렌식 작업에서는 주요 컴퓨터 포렌식 과정을 단계별로 심도 있게 다룬다. 또한 사용자 관리 및 프로세스 옵션 같은 FTK의 주요 기능을 배운다.

5장, 사건 처리에서는 수사하는 동안 데이터 처리 및 필터링을 위해 가장 중요한 기능 사용법을 다룬다. 데이터 분석, 정보 검색, 조사 결과 북마크 수행을 위한 툴 설정 방법도 배운다.

6장, FTK 5의 새로운 기능에서는 FTK 5에서 개발된 새로운 주요 기능의 개요를 설명하고, 이런 새로운 기능이 사건 조사에 어떻게 도움이 되는지 알려준다.

7장, PPTK를 이용한 작업에서는 PPTK 및 DNA 제품을 이용한 파일 및 시스템 패스워드 복구 방법을 배우며, 보호된 정보를 발견할 때 패스워드 복구가 어떻게 도움이 되는지 배운다.

✳ 준비물

윈도우 XP나 상위 버전의 컴퓨터, 액세스데이터 포렌식 툴킷^{AccessData Forensic Toolkit} 5, 샘플 증거 파일, 인터넷 연결

✳ 이 책의 대상 독자

FTK를 이용한 컴퓨터 포렌식은 통합 플랫폼으로 디지털 조사를 수행하고자 하는 이들에게 매우 적합하다. 독자가 컴퓨터 포렌식 분야에 새롭거나 일부 경험이 있더라도 이 책은 FTK를 시작하는 데 도움을 줄 것이며, 효과적이면서 효율적으로 증거 분석을 시작할 수 있다.

또한 이 책은 디지털 증거의 증거 가치를 평가해야 하는 사법관과 기업 보안 전문가, IT 전문가에게 도움을 줄 수 있다.

✳ 이 책의 편집 규약

이 책에서는 종류가 다른 정보들을 서로 구분하기 위해 여러 가지 편집 규약을 사용했다. 이런 스타일의 예와 각 의미를 알아보자.

커맨드라인 입력이나 출력은 다음과 같이 표기한다.

```
# [드라이브명]:\FTK\AccessData Distributed Processing Engine.EXE
```

메뉴나 대화상자와 같이 화면에 표시되는 단어는 다음과 같이 고딕체로 표시했다.

"FTK가 정확히 작동하도록 Distributed Engine 구성 요소를 설치한다."

경고나 중요한 사항은 이와 같은 박스로 표시된다.

 팁과 트릭은 이렇게 표시된다.

✳ 독자 피드백

독자의 의견은 언제나 환영이다. 이 책에 대한 여러분의 생각(좋은 점이든 나쁜 점이든)을 알려주기 바란다. 더 유익한 책을 만들기 위해 독자의 의견은 무엇보다 중요하다.

일반적인 의견은 메시지 제목을 책의 제목으로 작성해서 feedback@packtpub.com으로 메일을 보내면 된다.

자신의 전문 지식을 바탕으로 책을 집필하거나 기여하는 데 관심이 있다면 www.packtpub.com/authors에 있는 저자 가이드를 참조하기 바란다.

✳ 고객 지원

팩트 출판사의 구매자가 된 독자에게 도움이 되는 몇 가지를 제공하고자 한다.

 예제 코드 다운로드
http://www.PacktPub.com에 등록된 계정으로 로그인한 다음에 구입한 모든 팩트 책에 대한 예제 코드 파일을 다운로드할 수 있다. 다른 곳에서 이 책을 구입했다면 http://www.PacktPub.com/support를 방문해 이메일 주소를 등록하면 예제 코드 파일을 다운로드할 수 있는 링크를 받을 수 있다. 한국어판의 소스코드는 에이콘출판사 도서정보 페이지 http://www.acornpub.co.kr/book/ftk-computer-forensics에서 다운로드할 수 있다.

오탈자

내용을 정확하게 전달하기 위해 최선을 다하지만, 실수가 있을 수 있다. 팩트 출판사의 책에서 코드나 텍스트상의 문제를 발견해서 알려준다면 매우 감사하게 생각할 것이다. 그러한 참여를 통해 다른 독자에게 도움을 주고, 다음 버전에서 책을 더 완성도 있게 만들 수 있다. 오자를 발견한다면 http://www.packtpub.com/submit-errata에서 책을 선택하고, errata submission form 링크를 통해 구체적인 내용을 알려주기 바란다. 보내준 내용이 확인되면 웹사이트에 그 내용이 올라가거나, 해당 서적의 정오표 섹션에 그 내용이 추가될 것이다. http://www.packtpub.com/support에서 해당 타이틀을 선택하면 지금까지의 정오표를 확인할 수 있다. 한국어판은 에이콘출판사 도서정보 페이지 http://www.acornpub.co.kr/book/ftk-computer-forensics에서 찾아볼 수 있다.

저작권 침해

인터넷에서의 저작권 침해는 모든 매체에서 벌어지고 있는 심각한 문제다. 팩트 출판사는 저작권과 라이선스 문제를 아주 심각하게 인식하고 있다. 어떤 형태로든 팩트 출판사 서적의 불법 복제물을 인터넷에서 발견한다면 적절한 조치를 취할 수 있게 해당 주소나 사이트 명을 즉시 알려주길 부탁한다. 의심되는 불법 복제물의 링크를 copyright@packtpub.com으로 보내주기 바란다.

저자와 더 좋은 책을 위한 팩트 출판사의 노력을 배려하는 마음에 깊은 감사의 뜻을 전한다.

질문

이 책에 관련된 질문이 있다면 questions@packtpub.com을 통해 문의하기 바란다. 최선을 다해 질문에 답해 드리겠다. 한국어판에 관한 질문은 이 책의 옮긴이나 에이콘출판사 편집팀(editor@acornpub.co.kr)으로 문의해주길 바란다.

1장

FTK를 이용한 컴퓨터 포렌식 시작

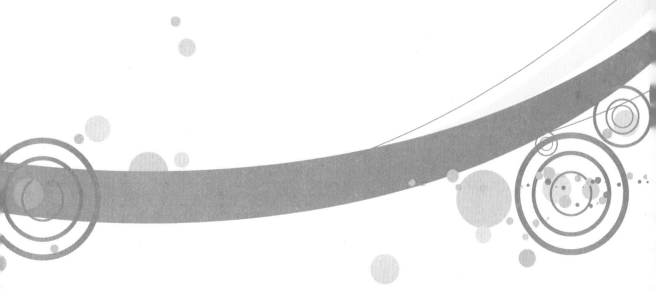

FTK^{Forensic Toolkit}는 정보 보호, 정보 기술, 법 집행 분야에 근무하는 전문가의 작업 지원을 위해 개발된 완벽한 디지털 조사 플랫폼이다.

필터와 인덱싱 엔진에 사용된 혁신적인 기술로, 사건 조사와 관련된 증거에 빠르게 접근할 수 있고, 분석 시간을 매우 단축시킬 수 있다.

1장에서는 FTK 툴을 설치하고 설정하는 데 필요한 첫 단계를 배운다.

디지털 포렌식 조사는 다음 절차를 따른다.

- 준비
- 수집과 보존
- 분석
- 보고서와 제출

이 과정은 FTK 포렌식과 엔터프라이즈 에디션을 이용하는 데 관련된 4장에서 좀 더 상세히 다룬다.

컴퓨터 포렌식 툴은 하드 드라이브 용량 증가에 따른 주소 문제와 데이터 수집 및 분석 시간을 줄이기 위한 암호화 ^{encryption} 사용 같은 문제를 해결하기 위해 지속적인 업데이트가 필요하다.

액세스데이터^{AccessData}에서는 다음과 같은 두 가지 버전을 제공한다.

- **FTK 포렌식** 이 책에서 다룰 FTK 버전으로, FTK 포렌식은 컴퓨터 하드 드라이버, USB 드라이버, 플래시 메모리 장치, 스마트폰, 태블릿 등과 같은 여러 디지털 기기의 데이터를 수집하고 분석하는 기능을 갖고 있다. FTK 포렌식 접근 방법은 컴퓨터 전원이 꺼질 때 발생하는 사후 컴퓨터 포렌식이라는 프로세스와 관련 있다.

- **AD 엔터프라이즈(Enterprise)** 일반적으로 AD 엔터프라이즈 버전은 FTK 포렌식 버전과 같은 기능을 갖고 있고, 게다가 회사의 여러 컴퓨터를 동시에 분석할 수 있는 기능을 갖고 있다. AD 엔터프라이즈 버전의 또 다른 주요 기능은

RAM 같은 휘발성 데이터를 수집하고 분석하는 기능이다. 조사 과정은 매우 은밀하게 진행되며, 네트워크를 통해 조사 대상 장비를 조사하더라도 조사 대상자는 분석 사실을 알지 못한다.

 이 책에서는 독립 실행형 버전의 솔루션만 사용한다.

∷FTK 다운로드

FTK 플랫폼을 구입하면 액세스데이터는 일반적으로 제품 설치를 위한 DVD와 제품 라이선스가 있는 동글 코드미터 하드웨어를 보내준다.

받지 못했다면 액세스데이터 웹사이트에서 직접 FTK를 다운로드할 수 있다. 다른 모든 제품 또한 다운로드가 가능하다.

이 책에서는 앞으로 FTK 버전 5를 사용할 것이며, 해당 제품은 http://www.accessdata.com/support/product-downloads에서 다운로드할 수 있다.

✱FTK 요구 사항

FTK 설치를 위한 다음과 같은 두 가지의 설정(구성 옵션)이 있다.

- **한 대의 머신** FTK와 데이터베이스를 동시 설치
- **두 대의 머신** 각 머신에 FTK와 데이터베이스를 따로 설치

일반적으로 FTK와 PostgreSQL 사용을 위한 기본 사양은 다음 표와 같다.

소프트웨어	
운영체제	서버 2008 R2/윈도우 7(64비트)
하드웨어	
프로세서	인텔 i7 코어, 쿼드코어 제논(Xeon), 또는 비슷한 사양의 AMD CPU
메모리	32GB 또는 그 이상
운영체제/애플리케이션 드라이버	64MB 캐시를 가진 7200RPM 드라이브 또는 SSD 드라이브
PostgreSQL DB 용량	PostgreSQL 전용 160GB SSD
네트워크 카드	기가비트
HW RAID 컨트롤러	PostgreSQL 데이터베이스 호스팅 권장. RAID0가 아닌 RAID 5, 6 또는 10으로 설정
Temporary 폴더 위치	SSD 드라이브 또는 연속 쓰기가 가능한 RAID0 파티션
드라이브 설정	드라이브 1: 운영체제 드라이브 2: PostgreSQL 데이터베이스(SSD 또는 RAID 하드웨어) 드라이브 3: 사건 폴더와 고화질 이미지 드라이브 4: Temp 디렉토리(SSD 또는 RAID0)

벤더에서 권장하는 사양이지만, 이용 가능한 프로세스, 메모리, 입/출력 리소스가 많을수록 좀 더 빠르게 분석할 수 있다.

✳ FTK와 데이터베이스 설치

컴포넌트 설치 순서에 다소 주의가 필요하지만, FTK 설치는 매우 간단하다. 액세스 데이터는 다음 그림과 같이 올바른 설치 지원을 위한 메뉴를 제공한다.

FTK 설치는 다음 단계를 수행한다.

1. Database 컴포넌트를 사용해 설치 과정을 시작한다. PostgreSQL 데이터베이스 관리자를 만들기 위해 패스워드를 입력할 수 있다.

2. 데이터베이스가 설치됐다면 FTK를 설치한다.

3. FTK가 올바르게 작동하도록 Distributed Engine 컴포넌트를 설치한다.

4. View User Guide 설치는 옵션이지만, 설치를 적극적으로 권장한다.

5. FTK 플랫폼 설치 과정을 끝내려면 Other Products 버튼을 클릭한 후 다음 목록의 컴포넌트를 선택한다.

   ○ License Manager 제품 라이선스 제어 컴포넌트다.

○ Registry Viewer 윈도우 레지스트리 분석 컴포넌트다.

○ PRTK 패스워드 복구 컴포넌트다.

○ CodeMeter USB 코드미터^{CodeMeter} 하드웨어 드라이버와 관리 컴포넌트다.

○ Imager FTK Imager 제품이다.

 32비트 또는 64비트에 맞는 올바른 플랫폼을 선택했는지 확인하고, 케이스에서 "요청한 데이터베이스에 연결할 수 없다(Unable to connect to the database requested)"라는 에러 메시지가 나오면 RDBMS 옵션을 PostgreSQL로 변경한다.

✻FTK 처음 실행

설치가 올바르게 이뤄졌다면 첫 번째 단계는 사용자를 생성하는 것이다.

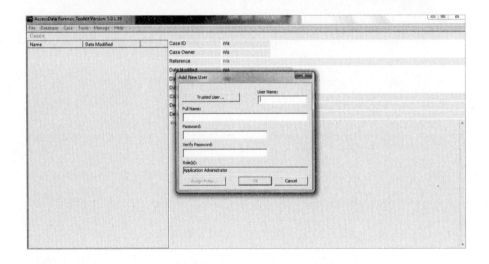

사용자 추가 폼에서 각 필드에 입력한 후 OK를 클릭하면 첫 번째 사용자가 생성된다. 이 사용자는 애플리케이션 관리자로 FTK 툴을 관리한다. FTK 툴 사용은 2장에서 다룬다.

■■정리

1장은 FTK 포렌식 툴 사용에 필요한 첫 단계를 다뤘다. 첫 단계는 독립 실행형과 엔터프라이즈 플랫폼 간의 차이를 이해하는 것으로, 어느 방식으로 조사를 착수할지 결정하는 것은 매우 중요하다. 이것은 분명히 수집 시간과 데이터 분석에 영향을 준다. 고려해야 할 다른 중요한 점은 하드웨어적인 요구 사항이다. 컴퓨터 하드웨어 성능이 높을수록 분석이 더 빠르다는 점을 유의한다.

분석 과정은 실제 시간이 소요되는 부분으로, 적절하게 조절하지 않는다면 하드웨어는 프로젝트에 나쁜 영향을 줄 수 있다.

2장에서는 증거물 획득과 데이터 사전 분석에 일반적으로 사용되는 무료 플랫폼 버전인 FTK Imager를 사용한다.

2장

FTK Imager를
이용한 작업

FTK Imager는 액세스데이터 웹사이트에서 다운로드 가능한 무료 툴로, 주로 디지털 미디어를 수집하는 데 사용한다. 이 툴은 수집된 데이터 무결성 보장을 위해 비트 단위 또는 비트 스트림으로 알려진 정확한 복사본(포렌식 이미지)을 생성한다.

FTK Imager는 강력한 툴이지만 무료로 제공된다. FTK Imager는 2장에서 다룰 여러 기능과 더불어 데이터 사전 분석, 정보 검색, RAM 같은 휘발성 데이터 수집이 가능하다. http://www.accessdata.com/support/product-downloads에서 FTK Imager와 기타 제품들을 다운로드할 수 있다.

2장에서는 요구 사항을 가장 충족할 수 있는 포렌식 이미지를 생성한 후 FTK Imager를 이용한 증거 처리 작업을 다룬다.

또한 가장 중요한 요소 중 하나인 디지털 기기 수집 과정을 이해하기 위해 FTK Imager의 모든 기능과 FTK Imager 운영 방법을 다룬다.

▪▪ 데이터 저장 매체

하드 디스크뿐만 아니라 다음과 같은 저장 공간을 갖는 여러 장치에서 데이터 수집을 할 수 있다

- 자기 미디어Magnetic media
  - 플로피 디스크
  - 하드 드라이브
  - USB/PC 카드
  - ZIP이나 테이프 드라이브
- 광학 미디어Optical media
  - CD
  - CD-R이나 CD-RW
  - DVD

- 대체 미디어^{Alternative media}

  ○ MP3 플레이어

  ○ 태블릿

  ○ 스마트폰

  ○ 비디오 게임, TV 등

FTK Imager는 이런 각 장비의 데이터를 수집하고 분석하는 기능을 가진다.

조사 과정 동안 하드 디스크가 아닌 위의 기기에서 관련 증거가 발견될 수 있으므로 반드시 살펴봐야 한다.

■·수집 도구

FTK Imager는 증거 작업 중 발생될 수 있는 사고를 방지하기 위해 비트 단위로 미디어 이미지를 복제한다. 포렌식 이미지는 원본 장치와 일치하는 복사본으로, 파일 슬랙^{file slack}과 비할당된 공간을 포함하며, 삭제된 파일 복구도 가능하다. 포렌식 복제는 이미지를 사용해 조사 과정이 수행되므로 원본 미디어를 보존할 수 있다.

파일 슬랙(File Slack) – 옮긴이 참고
파일은 종류와 내용에 따라 다양한 크기를 가지며, 클러스터라 불리는 고정 길이 데이터 블록으로 저장된다. 예를 들어 클러스터가 2,048바이트(2KB)이고 윈도우 시스템과 같이 고정 길이 512바이트 블록이며, 저장할 파일이 1,000바이트라고 한다면 첫 번째 512바이트가 기록되고 나머지 488바이트가 기록된다. 즉, 2개의 섹터가 생기게 된다. 두 번째 섹터는 고정 길이 512바이트에서 488바이트만 기록이 되므로 결국 24바이트는 남게 되는데, 이때 남아 있는 공간은 0으로 채워 버린다. 이렇게 발생된 공간을 파일 슬랙이라 하고, 램 슬랙, 드라이브 슬랙, 파일 시스템 슬랙이라는 이름으로 이 용어가 사용된다.

수집된 이미지의 분석은 FTK 후반부에 수행해 더욱 상세한 조사가 가능하며, 발견된 정보로 최종 보고서를 생성할 수 있다.

FTK Imager를 사용해 하드 드라이브나 다른 전자 기기의 포렌식 이미지를 생성할 때 하드웨어 기반의 쓰기 방지 장치write blocker를 반드시 사용해야 한다. 이렇게 함으로써 기기가 분석 시스템(컴퓨터)에 연결되더라도 원본 소스를 변경하지 못하게 할 수 있다.

다음 그림은 쓰기 방지 장치다.

■■ 이미지 포맷

FTK Imager는 현재에 사용되는 거의 모든 이미지 타입을 지원한다. 주요 타입은 파일 시스템을 지원하고, Imager 생성 포맷, Imager 읽기 포맷을 지원한다. 지원 목록은 다음과 같다.

- FTK Imager는 다음 파일 시스템을 지원한다.

    ○ DVD(UDF)

    ○ CD(ISO, Joliet, CDSF)

    ○ FAT(12, 16, 32)

    ○ exFAT

    ○ VXFS

    ○ EXT(2, 3, 4)

    ○ NTFS(압축 NTFS)

    ○ HFS, HFS+, HFSX

- FTP Imager는 다음 포맷으로 증거 파일을 생성한다.

    ○ E01, S01, L01

    ○ AFF

    ○ AD1

    ○ RAW/DD

- **FTK Imager 읽기 포맷** 다음 그림은 FTK Imager가 읽을 수 있는 모든 포맷을 보여준다.

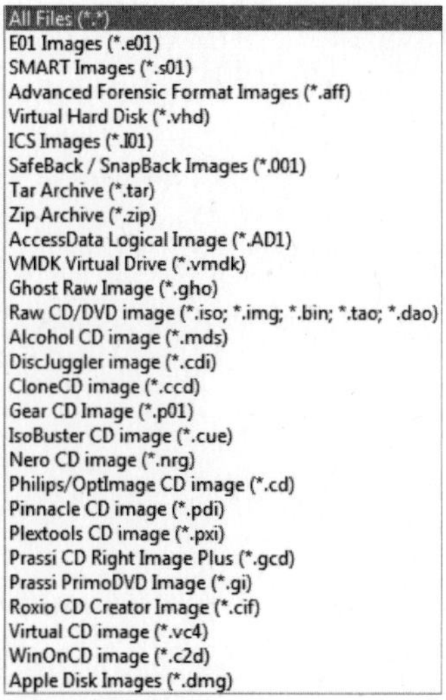

```
All Files (*.*)
E01 Images (*.e01)
SMART Images (*.s01)
Advanced Forensic Format Images (*.aff)
Virtual Hard Disk (*.vhd)
ICS Images (*.I01)
SafeBack / SnapBack Images (*.001)
Tar Archive (*.tar)
Zip Archive (*.zip)
AccessData Logical Image (*.AD1)
VMDK Virtual Drive (*.vmdk)
Ghost Raw Image (*.gho)
Raw CD/DVD image (*.iso; *.img; *.bin; *.tao; *.dao)
Alcohol CD image (*.mds)
DiscJuggler image (*.cdi)
CloneCD image (*.ccd)
Gear CD Image (*.p01)
IsoBuster CD image (*.cue)
Nero CD image (*.nrg)
Philips/OptImage CD image (*.cd)
Pinnacle CD image (*.pdi)
Plextools CD image (*.pxi)
Prassi CD Right Image Plus (*.gcd)
Prassi PrimoDVD Image (*.gi)
Roxio CD Creator Image (*.cif)
Virtual CD image (*.vc4)
WinOnCD image (*.c2d)
Apple Disk Images (*.dmg)
```

■FTK Imager 인터페이스

FTK Imager 설치는 매우 간단하며, 하드 디스크에 제품 설치를 하는 일반적인 설치 방법이 있다. 다른 방법으로는 설치가 필요 없는 Lite 버전을 사용할 수 있다. Lite 버전은 USB에서 직접 FTK Imager를 실행시킬 수 있는 장점이 있고, 필드 수집 과정에 많은 도움을 줄 수 있다.

FTK Imager 사용자 인터페이스는 여러 개의 창으로 구분돼 있다. Evidence Tree 부분, File List 부분, Property 부분, Hex Value Interpreter 창, Custom Content Sources 창으로 나눠져 있으며, 메뉴와 툴바는 화면에서 빼낼 수 있으며, 사용자 요구에 맞게 크기 조정이 가능하다. 각 부분은 개별적으로 다시 추가하거나 다음 그림과 같이 다음 조사를 위한 전체 보기 설정이 가능하다.

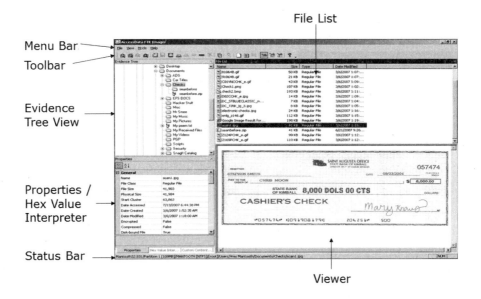

Menu Bar

Toolbar

Evidence
Tree View

Properties /
Hex Value
Interpreter

Status Bar

File List

Viewer

✳ 메뉴 바

메뉴 바는 FTK Imager의 모든 기능에 접근할 수 있다. 메뉴 바는 항상 눈에 보이고
접근 가능하다. 메뉴 바에는 다음과 같은 4가지 메뉴가 있다.

- **File** File 메뉴는 툴바에서 사용 가능한 모든 기능에 접근할 수 있다.

- **View** View 메뉴는 창이나 컨트롤 바를 표시하거나 숨기는 등의 FTK Imager
화면을 변경할 수 있다.

- **Mode** Mode 메뉴는 뷰어의 미리 보기 모드를 선택하게 한다.

- **Help** Help 메뉴는 프로그램 버전 정보와 다방면의 사용자 지원을 위한 FTK
Imager 사용자 가이드 접속을 제공한다.

✳ 툴바

모든 툴과 기능을 포함하고 있는 툴바는 File 메뉴로 접근이 가능하다.

다음 그림은 각 기능에 대한 일부 기본 정보를 제공한다.

🖼	Add Evidence Item
🖼	Add All Attached Devices
🖼	Image Mounting
🖼	Remove Evidence Item
🖼	Remove All Evidence Items
🖼	Create Disk Image
🖼	Export Disk Image
🖼	Export Logical Image (AD1)
🖼	Add to Custom Content Image (AD1)
🖼	Create Custom Content Image (AD1)
⇒	Verify Drive/Image
🖼	Capture Memory
🖼	Obtain Protected Files
🔍	Detect EFS Encryption
🗋	Export Files
🗎	Export File Hash List
🗎	Export Directory Listing
🖼	Choose IE, text, or hex viewer automatically
🖼	View files in plain text
🖼	View files in hex format
🖼	Open FTK Imager User Guide

✳ 보기 창

FTK Imager에는 다음과 같은 기본 보기 창이 있다

- **Evidence Tree** 이 창은 계층적 트리 구조로 추가한 증거 항목을 보여준다.

- **File List** 이 창은 현재 Evidence Tree 창에 선택된 항목에 있는 파일과 폴더를 보여준다.

- **Viewer** 이 창은 Preview Mode 옵션인 Natural, Text, Hex 선택에 따라 현재 선택된 파일의 내용을 보여준다.

- **Properties/Hex Value Interpreter/Custom Content Sources** 이 창은 Evidence Tree 창이나 File List 창에서 현재 선택된 객체의 다양한 정보를 보여주고, 뷰어에 선택된 16진수 값을 10진수와 가능한 날짜와 시간 값으로

변환하고, Custom Content 이미지에 포함된 내용을 각각 보여준다.

FTK Imager 기능

FTK Imager를 사용해 이미지 파일을 생성하기 전에 일부 증거를 미리 볼 수 있다.
Add to Custom Content (AD1) image를 선택해 전체 증거 객체나 특정 객체를 선택
할 수 있다.

증거물 추가와 미리 보기

한 개의 증거물이든 여러 개의 증거물이든 한 번에 추가할 수 있다. 다음 그림은
단계별 포맷 절차를 보여준다.

1. 툴바의 Add Evidence Item 버튼을 클릭한다.
2. 미리보기를 원하는 소스 타입을 선택한 후 Next를 클릭한다.

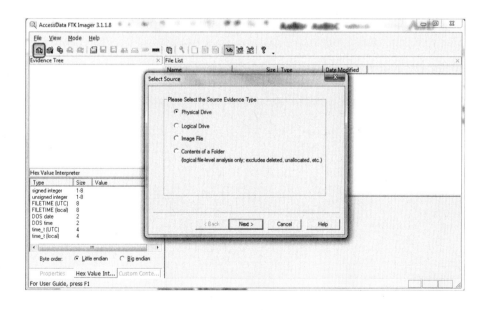

3. 미리 보려는 드라이브를 선택하거나 소스로 이동한 후 Finish를 클릭한다.

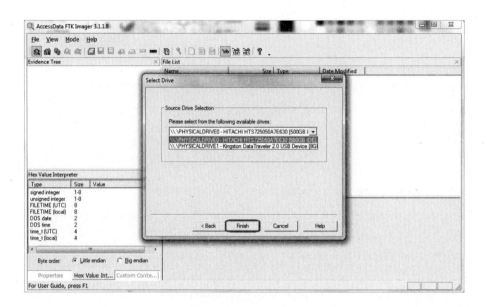

4. 증거물은 Evidence Tree 창에 표시된다.

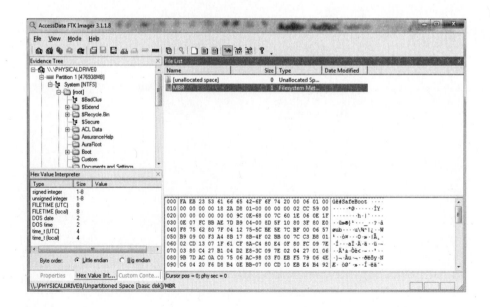

✳ 포렌식 이미지 생성

증거 항목이 추가되면 포렌식 이미지 생성 프로세스를 수행할 수 있다. FTK Imager는 여러 형태의 포렌식 이미지를 만들 수 있다.

이미지를 만들려면 다음 단계를 수행한다.

1. 툴바에서 Export Disk Image 버튼을 클릭한다.
2. Add 버튼을 클릭한다.
3. 이미지 타입을 선택한 후 Next를 클릭한다.

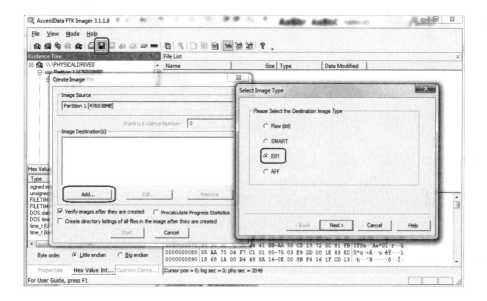

4. 증거물에 대한 정보를 입력한 후 Next를 클릭한다.

Evidence Item Information

Case Number:

Evidence Number:

Unique Description:

Examiner:

Notes:

< Back   Next >   Cancel   Help

5. 이미지가 저장될 목적지 폴더를 선택하고, 파일명, 조각 크기, 압축 옵션을
   선택한 후 Finish를 클릭한다.

Select Image Destination

Image Destination Folder
C:\Users\304020\Desktop   Browse

Image Filename (Excluding Extension)
evidence

Image Fragment Size (MB)   1500
For Raw, E01, and AFF formats: 0 = do not fragment

Compression (0=None, 1=Fastest, ..., 9=Smallest)   6

Use AD Encryption ☐

< Back   Finish   Cancel   Help

✳ 이미지 마운트

마운트 기능을 이용해 포렌식 이미지는 읽기 전용 보기 옵션이 있는 드라이브나
물리 장치로 마운트된다. 드라이브처럼 마운트된 이미지를 오픈하고 윈도우나 다
른 애플리케이션의 내용을 검색할 수 있다. 지원되는 타입은 RAW/dd 이미지, E01,
S01, AFF, AD1, L01이다. Full 디스크 이미지는 RAW/dd, E01, S01이며, 이 타입
들이 물리적으로 마운트되고, 컴퓨터에 연결된 물리 디스크를 시뮬레이션한다.

이미지 마운트 기능은 다음 그림과 같이 복사된 물리 디스크를 가상 머신에 추가할
수 있다.

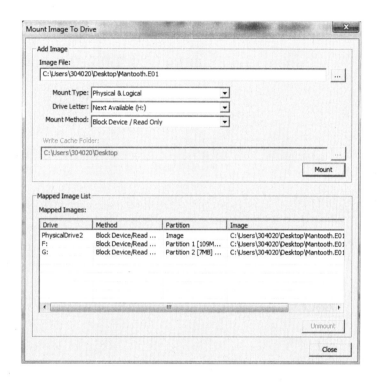

✳ 메모리 캡처 기능

메모리 내용 같은 휘발성 데이터는 분석해야 할 중요한 증거를 갖고 있다.

메모리 수집을 통해 실행 중인 프로세스, 사용 중인 문서, 접속된 웹사이트, 사용자
명, 패스워드 등 매우 많은 정보를 추출할 수 있다.

수집을 실행하려면 다음 단계를 수행한다.

1. 툴바의 Memory Capture를 클릭한다.
2. 수집된 파일이 저장될 목적지 경로를 선택한다.

3. 옵션 단계로, Pagefile.sys 파일을 포함하고 AD1 증거 파일 형식을 만들 수 있다.

4. 다음 그림과 같이 Capture Memory를 클릭해 캡처를 시작한다.

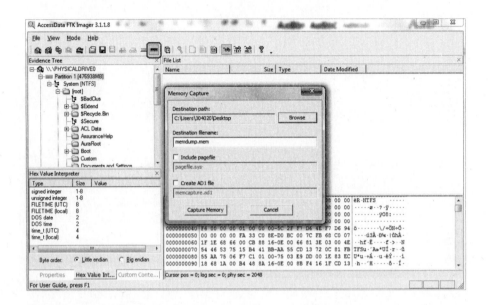

❋ 보호된 파일 얻기

윈도우 운영체제는 실행 중인 레지스트리 파일을 복사하거나 저장할 수 없다. 이 경우 해당 머신에 FTK Imager를 실행해 보호된 레지스터를 얻고, 다음과 같이 복사할 레코드를 얻는다.

1. 툴바에서 Obtain Protected Files 버튼을 클릭한다.

2. 얻은 파일이 저장될 목적지 폴더를 선택한다.

3. 암호를 복구할 것인지 전체 레지스트리를 복구할 것인지 필요한 옵션을 선택한다.

4. 다음 그림과 같이 OK를 클릭한다.

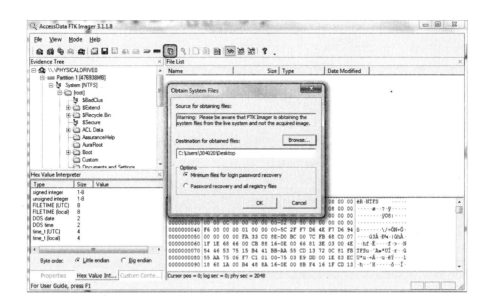

✳ EFS 암호화 검출

FTK Imager 툴바의 Detect Encryption 버튼을 클릭해 물리 드라이브나 이미지의
암호화된 데이터를 점검할 수 있다. 프로그램은 증거를 스캔하며, 암호화 파일이
검출되면 알려준다.

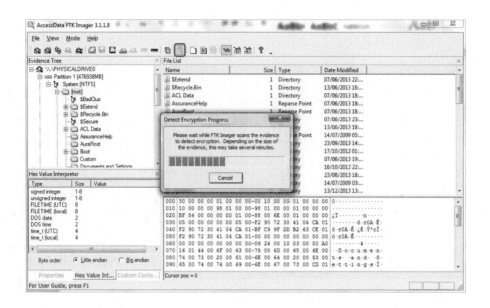

▦정리

2장은 FTK Imager의 주요 기능을 살펴봤다.

FTK Imager는 포렌식 이미지를 만드는 데 매우 중요한 툴이며, 거의 모든 증거 파일 포맷을 지원한다. 또한 이미지 생성 전에 증거를 미리 볼 수 있다. 이것은 중요한 정보만 분류하고 수집하므로 수집과 분석 시간을 상당히 줄일 수 있다.

FTK Imager와 더불어 쓰기 방지 장치를 사용하는 것이 중요하다는 것을 이해했다. 이 방식으로 증거물에 대한 무결성 보장이 가능하다. FTK Imager 인터페이스와 증거 아이템 추가와 미리 보기Add and Preview Evidence Item, 포렌식 이미지 생성Creating Forensic Images, 이미지 마운팅Image Mounting, 메모리 캡처Capture Memory, 보호된 파일 얻기Obtain Protected Files, EFS 암호화 검출Detect EFS Encryption 같은 FTK Imager의 주요 기능을 배웠다.

요약하면 FTK Imager는 전문가나 조사관 모두에게 필수적인 도구라는 점이며, 가장 중요한 점은 무료라는 점이다.

3장

레지스트리 뷰어를
이용한 작업

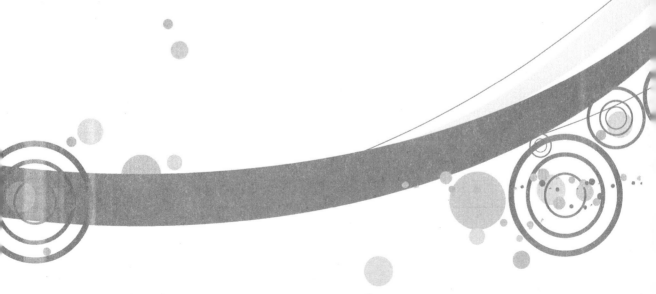

액세스데이터의 레지스트리 뷰어^{Registry Viewer}는 FTK와 통합 가능한 독립 실행형 제품이며, 윈도우 레지스트리의 내용을 볼 수 있다. 현재 시스템의 레지스트리만 보여주는 기존의 윈도우 레지스트리 편집기^{Windows Registry Editor}인 Regedit와 달리 레지스트리 뷰어는 레지스트리 파일을 눈으로 직접 확인할 수 있다. 또한 패스워드, 사용자명, Regedit로 접근할 수 없는 다른 정보가 들어 있는 레지스트리가 보호된 스토리지에 접근 가능하다. 하지만 이 툴은 무료가 아니다. 이 툴을 사용하려면 유효한 라이선스가 있는 코드미터^{CodeMeter} USB가 필요하다.

3장에서는 윈도우 레지스트리 파일 구조, 레지스트리 뷰어의 주요 기능, FTK 포렌식과의 통합 등을 배운다.

다음과 같은 운영체제의 사용자 정보에 빠르게 접근하는 방법을 배운다.

- 사용자명
- 로그온 횟수
- 마지막 로그온 시간
- 마지막 패스워드 변경 시간
- 잘못된 로그온 시간
- 마지막 실패 로그온 타임

▫️ 윈도우 레지스트리 구조의 이해

윈도우 레지스트리 키의 내용을 보려면 각 키와 연관된 파일을 식별해야 한다. 이런 파일은 C:\Windows\System32\Config에 위치해 있다. 다음 그림은 해당 경로와 파일을 보여준다.

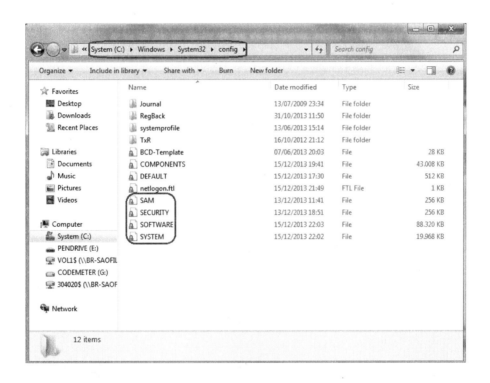

다른 중요한 키는 각 사용자 폴더에 있고, NTUSER.DAT라는 이름으로 존재한다. 이 파일의 위치는 다음 그림과 같다.

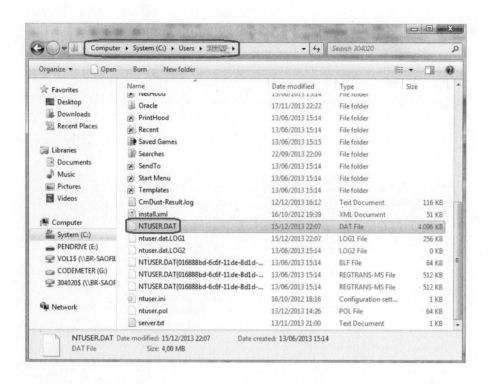

레지스트리 뷰어의 주요 기능

레지스트리 뷰어 설정을 위한 첫 번째 단계는 기존 레지스트리 뷰어에 하나 이상의
레지스트리 파일을 추가하는 것이다.

다음 단계로 수행할 수 있다.

1. 툴바에서 Open을 클릭한다.
2. 레지스트리 파일을 선택하고 Open을 클릭한다.

레지스트 뷰어 툴은 다음 그림과 같이 레지스트리 키 데이터를 해석하고 친숙한
형태로 레지스트리 키를 보여준다.

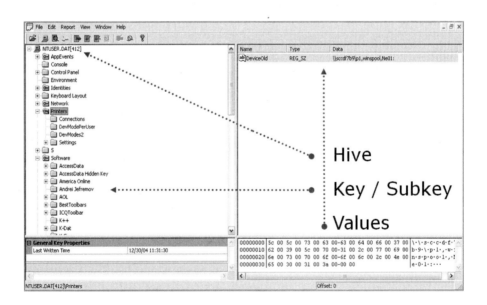

✳ 보고서 생성

다음 단계를 통해 보고서에 주요 키를 선택하고 추가할 수 있다.

1. 보고서에 추가하고자 하는 키를 선택한 후 오른쪽 마우스를 클릭한다.

2. Add to Report를 클릭한다.

3. 보고서를 만들려면 툴바의 Report 옵션을 클릭한다.

4. OK를 클릭한다.

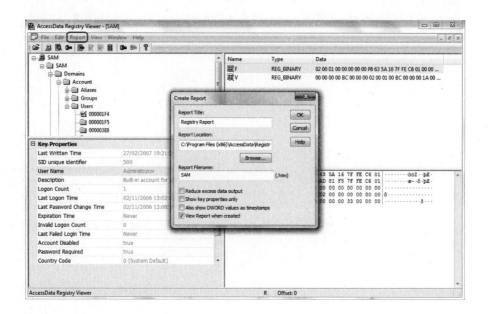

▦ FTK 통합

레지스트리 키 파일을 다루는 두 가지 방법이 있다. 이 파일에 접근하려면 FTK Imager를 사용해 파일 위치를 찾고 내보낸다.

내보내기 과정의 예는 다음 그림과 같다.

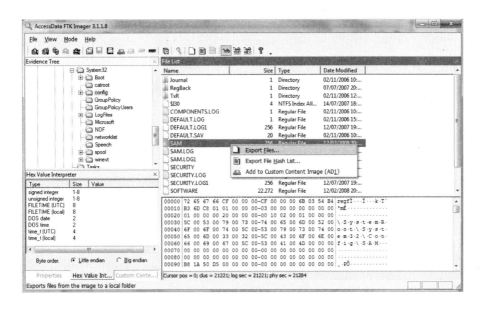

또 다른 방법으로는 다음 그림과 같이 동일한 파일을 내보내기 위해 **FTK**를 사용할 수 있다. 레지스트리 파일을 오른쪽 클릭해 Open in Registry Viewer를 클릭한다.

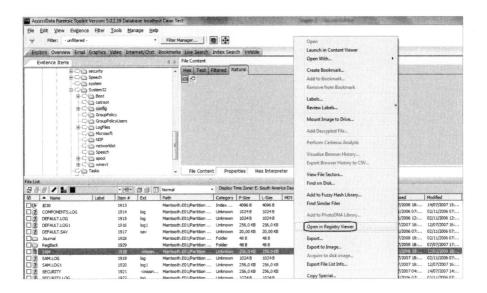

✱ 타임존 설정 확인

정확한 타임존 설정은 사건 조사 결과를 올바르게 분석하고 생성하는 데 중요하다. 잘못된 설정은 사실 부분에 대해 잘못된 주장을 초래할 수 있다. 정확한 Time Zone 을 선택하면 다음과 같이 모든 MAC 시간 정보가 자동으로 변경된다.

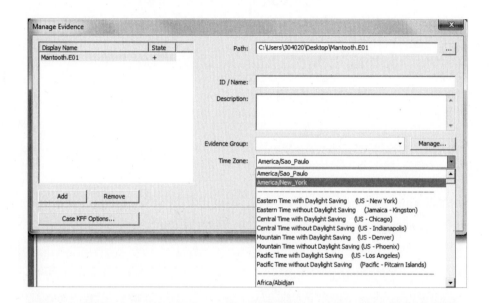

MAC 시간

파일 시스템 메타데이타의 하나로 컴퓨터 파일의 수정, 접근, 생성 같은 이벤트가 발생되면 그 시간이 기록된다. MAC 시간은 다음과 같이 분류된다.

- 수정 시간(Modification time, mtime)

- 접근 시간(Access time, atime)

- 변경 시간과 생성 시간(Change time and creation time, ctime)

압류 컴퓨터의 타임존을 모른다면 레지스트리 뷰어를 이용한다.

다음 그림과 같이 System\ControlSet001\Control\TimeZoneInformation에 레지스트리 키, 시스템, 위치 정보를 추가할 수 있다.

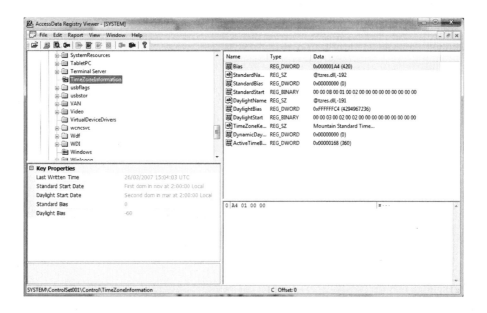

✳ 계정 정보

레지스트리 뷰어의 또 다른 주요 기능은 모든 시스템 사용자에 대한 정보를 쉽게 볼 수 있다는 점이다. 이 중요 정보는 다음 그림과 같다.

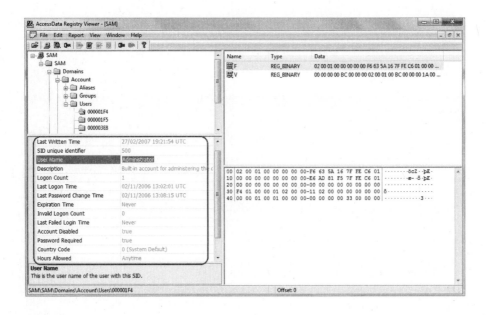

정리

3장에서는 레지스트리 뷰어의 사용법, 인터페이스, 주요 기능 등을 살펴봤다. 올바른 타임존^{Time Zone}을 사용하는 것이 왜 중요한지, 그리고 윈도우 레지스트리 키에 어떻게 등록하는지 다뤘다. 레지스트리 뷰어는 편리한 방식으로 사용자 계정 정보를 키 비트로 보여준다. 레지스트리 뷰어는 운영체제로는 접근할 수 없는 레지스트리 정보를 조사하는 데 중요한 툴이다. 수사할 때 레지스트리 키에 있는 정보에 빠르게 접근할 수 있고 키의 값을 알 수 있으므로 레지스트리 뷰어는 쉽고 유용하게 사용된다.

4장에서는 FTK의 가장 중요한 작업 중의 하나인 사건과 증거 처리 옵션 관리 방법을 다룬다.

4장

FTK 포렌식 작업

3장에서 설명한 바와 같이 FTK는 디지털 수사를 위해 완벽한 플랫폼을 제공한다. FTK의 인터페이스는 친숙하게 보일 수 있지만, 사전 분석 작업 시에는 FTK 사용에 특별한 주의가 요구된다. 사건을 잘못 설정하면 프로젝트에 부정적인 영향을 발생시킬 수 있고 계획보다 더 많은 시간이 소요될 수 있기 때문이다.

4장에서는 컴퓨터 포렌식 프로세스와 FTK의 첫 사용 단계를 다룬다.

컴퓨터 포렌식 절차를 정확하게 이해하면 툴 사용에 도움이 되며, FTK를 올바르게 설정하면 긴 분석 시간을 줄이면서 가장 좋은 결과물이 나온다는 사실을 알게 될 것이다.

컴퓨터 포렌식과 FTK 소개

컴퓨터 포렌식은 컴퓨터와 디지털 미디어에 존재하는 법적 증거물 생성과 관련된 디지털 법의학 과학이다. 컴퓨터 포렌식 과정은 디지털 범죄, 사기, 사건, 자료 악용 등 특정 사건과 관련한 사실을 수집하고 보호하고 분석하고 제출하기 위해 디지털 미디어에 대한 조사를 목표로 한다.

다음 그림에 나오는 단계들은 조사 절차를 수행하고 법원에 제출할 수 있는 증거를 얻는 데 도움을 주고자 함이며, 준수해야 할 컴퓨터 포렌식의 가장 좋은 실례를 보여준다. 컴퓨터 포렌식 과정은 다음과 같은 단계로 설명할 수 있다.

✴ 준비

포렌식 분석가가 새로운 디지털 조사 과정을 준비하는 것은 매우 중요하며, 다음과 같은 사항을 주의해야 한다.

- 정의된 조사 과정이 요구됨
- 다음과 같은 숙련된 분야와 실험 팀
  - **기술적인 훈련** 메인 컴퓨터 포렌식 툴을 어떻게 사용해야 하는지 알고 수행하는 일
  - **체계적인 훈련** 디지털 사건 조사 수행을 위한 최적의 실행, 절차, 흐름을 이해하는 일
- 적합한 소프트웨어와 하드웨어

❋ 수집과 보존

증거 수집 시 오류가 허용되지 않기 때문에 수집과 보존은 과정에서 가장 중요한 단계로 간주된다. 컴퓨터 포렌식의 기본 원칙은 디지털 증거의 무결성을 보존하는 것이다.

수집 과정은 다음과 같은 툴로 가능하다.

- 쓰기 방지 장치Write blockers(하드웨어 또는 소프트웨어)
- 포렌식 복제기Forensic duplicators
- 부팅 디스크Boot disks
- 원격 수집Remote acquisition(네트워크를 통한)

❋ 분석

분석은 가장 많은 기술 사항을 포함하는 조사 과정의 한 부분이다. 이유는 다음과 같다.

- OS, 파일 시스템, 네트워크 그리고 애플리케이션에 대한 기술 지식 필요
- 전문 소프트웨어 필요
- OS의 사용 흔적에서 필터를 생성하고 증거를 찾기 위한 기술

✻ 보고서와 제출

이 과정은 마지막 단계다. 사건 조사 결과를 찾았고 결론에 도달하면 다음 단계를 수행한다.

- **대상자에 맞는 보고서 언어 채택** 기술팀에게는 기술적인 언어를, 변호사나 법관에게는 더욱 형식적이고 적절한 언어를 사용한다.
- 보고서와 제출물은 명백해야 하고 확실해야 하며, 사견은 피하도록 주의한다.
- PDF, HTML, DOC 등과 같은 포맷의 제출물을 준비한다.

■ 그룹과 사용자 관리

FTK는 좀 더 협력적인 문제 해결을 할 수 있게 다중 사용자를 생성하고, 생성된 사용자들에 대해 권한을 할당한다.

새 사용자를 추가하려면 다음과 같은 단계를 수행한다.

1. Database를 클릭하고 Administrator Users를 선택한다.

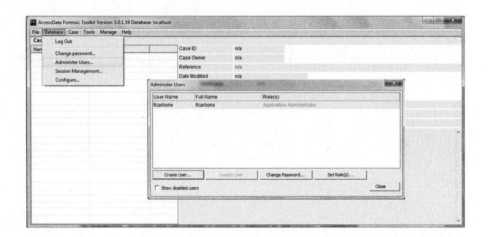

2. Create User 버튼을 클릭한다.

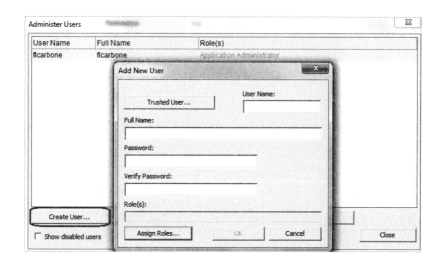

3. 각 필드에는 다음 내용을 입력한다.

   ○ **User Name** FTK가 인식할 수 있는 사용자 이름을 입력한다.

   ○ **Full Name** 사건 보고서에 표기되는 전체 이름을 입력한다.

   ○ **Password** 사용자 패스워드를 입력한다.

   ○ **Verify Password** 확인을 위해 동일한 패스워드를 입력한다.

4. 필드에 적합한 정보 입력 후 Assign Roles를 클릭한다.

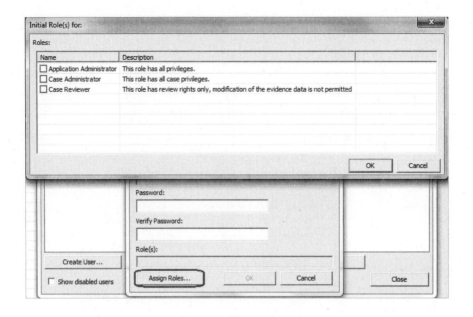

5. 사용자에 대한 권한을 할당하려면 다음 역할 중 하나를 사용한다.

    ○ **Application Administrator**　사용자 추가 및 관리를 포함하는 모든 작업을 수행

    ○ **Case Administrator**　사용자 추가 및 관리를 제외한 애플리케이션 관리자가 수행할 수 있는 모든 작업

    ○ **Case Reviewer**　사건 생성 불가능, 사건만 처리 가능

6. 올바른 프로파일을 선택한 후 역할 적용을 위해 OK를 클릭한 후 사용자 생성을 위해 다시 OK를 클릭한다.

사용자 패스워드는 언제라도 변경 가능하다. 다음 그림과 같이 새로운 패스워드 입력을 위해 Change Password를 클릭한다.

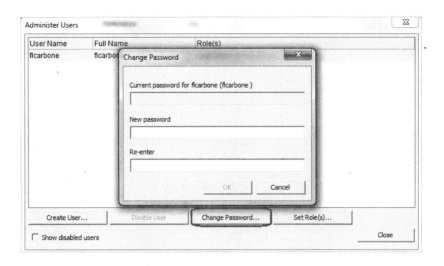

새로운 사건 조사 생성

FTK는 각 조사 대상에 사건을 할당해 관리한다. 사건 정보는 데이터베이스에 저장된다.

신규 사건 생성을 위해 다음 단계를 수행한다.

1. New를 클릭해 New Case를 선택한다. 다음 그림과 같이 New Case Options 대화상자를 오픈한다.

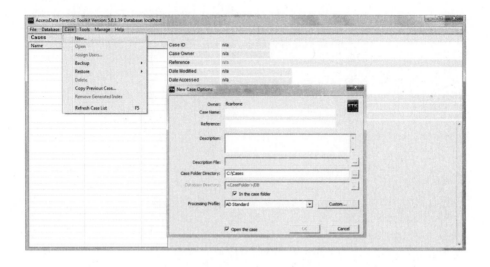

2. 다음 방식과 같이 필드를 입력한다.

　○ Case Name　사건 이름을 입력한다.

　○ Description　옵션으로 설명하고자 하는 내용을 입력한다.

　○ Reference　옵션으로 참조하고자 하는 내용을 입력한다.

　○ Description File　사건에 파일을 첨부 한다.

　○ Case Folder Directory　사건 파일이 저장될 경로다.

　○ Database Directory　사건 데이터베이스가 저장 될 경로로, 사건과 동일한 폴더 설정을 위해 In the case folder 체크박스를 선택한다.

　○ Processing Profile　절차 프로파일 또는 사용자 설정을 사용해 기본 사건 프로세싱 옵션을 설정한다. 이 부분은 다음 절에서 자세하게 다룬다.

　○ Open the case　생성된 사건을 즉시 열고자 할 경우 이 옵션을 선택한다. 필드를 모두 입력한 후 신규 사건 생성을 위해 OK를 클릭한다.

3. 다음 단계는 그림과 같이 증거 파일을 추가하는 것이다.

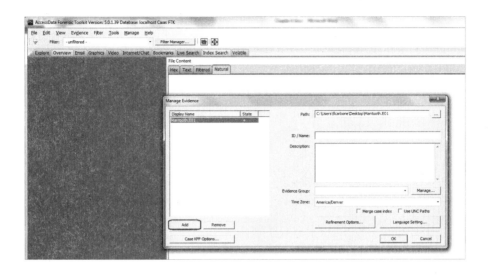

4. Add를 클릭해 다음에 나오는 증거 타입 중 하나를 선택한다.

   ○ **Acquired Image(s)** dd, e01, AD1 등과 같은 이미지 파일을 추가하려면 이 타입을 선택한다.

   ○ **All Images in Directory** 특정 폴더의 모든 이미지를 추가하려면 이 타입을 선택한다.

   ○ **Contents of a Directory** 특정 폴더의 모든 파일을 추가하려면 이 타입을 선택한다.

   ○ **Individual File(s)** docx, pdf, jpg 등과 같은 한 개의 파일을 추가하려면 이 타입을 선택한다.

   ○ **Physical Drive** 물리 장치(하드 디스크)를 추가하려면 이 타입을 선택한다.

   ○ **Logical Drive** C 또는 D 드라이브와 같은 논리 볼륨이나 파티션을 추가하려면 이 타입을 선택한다.

5. OK를 클릭한 후 다음 항목을 설정한다.

   ○ **Time Zone** 증거가 수집된 지역의 정확한 표준 시간대를 선택한다.

   ○ **Refinement Options** 증거로 처리될 항목을 선택한다. 이 내용은 다음

주제에서 자세하게 다룬다.

- Language Settings 수집 증거에 사용된 알파벳과 일치하는 정확한 언어를 선택한다.

6. 모든 값이 설정되면 OK를 클릭하고 증거가 처리될 동안 기다린다.

Time Zone(표준 시간대) 옵션을 잘못 설정하면 증거의 MAC 시간 값이 바뀌어 결과가 일치하지 않기도 한다. 증거의 Time Zone 옵션을 모른다면 표준 시간대 식별을 위해 FTK 레지스트리 뷰어 툴을 사용한다.

✳ FTK 인터페이스

FTK 인터페이스의 주요 특징은 데이터의 위치, 조직, 내보내기다. 각각의 특성에 맞는 탭이 있고, 사용자 정의 칼럼을 가진 일반 툴바와 파일 리스트를 포함한다. 다음 그림과 같이 새로운 탭을 추가하면 정보를 한눈에 볼 수 있다.

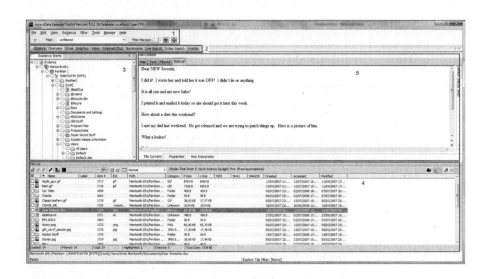

탭은 다음과 같이 분류된다.

- **메뉴/툴바(Menus/Toolbar)** 툴의 모든 기능과 설정에 접근할 수 있는 옵션이다. 관련 증거를 찾기 위해 필터를 사용한다.
- **탭(Tabs)** 각 탭은 다음과 같은 상이한 구조로 데이터를 보여준다.
  - **탐색기(Explorer)** 윈도우 탐색기처럼 디렉토리 구조로 증거를 보여주는 옵션이다. 증거는 물리 드라이브나 논리 드라이브로 볼 수 있다.
  - **개요(Overview)** 검색 범위를 좁혀 특정 문서 타입을 찾거나 상태 또는 파일 확장자에 따라 항목을 검색한다.
  - **이메일(Email)** 이메일, 메일 박스, 첨부 파일을 보는 데 사용한다.
  - **그래픽(Graphics)** 미리 보기로 사건 그래픽을 빠르게 볼 수 있다.
  - **비디오(Video)** 비디오 내용을 보고 비디오 상세 정보를 보는 데 사용한다.
  - **인터넷/채팅(Internet/Chat)** 사건에서 자세한 인터넷 사용 흔적 데이터 정보를 보는 데 사용한다.
  - **북마크(Bookmarks)** 사건과 관련 된 파일 그룹을 생성한다. 조사 중 발견된 모든 관련 정보는 보고서 생성을 위해 북마크에 둘 수 있다.
  - **라이브 검색(Live Search)** 키워드를 사용하는 사건에서 정보 검색을 위해 사용한다. 이런 검색 처리 유형은 증거로 사용된 키워드를 하나하나 비교하므로 결과물이 더 느리게 나온다.
  - **인덱스 검색(Index Search)** 처리 단계에서 데이터를 사전에 인덱스로 처리해 빠른 결과가 나오게 한다.
  - **휘발성(Volatile)** 메모리와 같은 휘발성 소스에서 수집된 데이터를 보고 분석한다.
- **증거 트리 뷰어(Evidence tree viewer)** 탭에서 선택한 항목에 따라 데이터 구조를 보여준다.
- **파일 리스트 뷰어(File list viewer)** 사건 파일 및 파일명, 파일 경로, 파일 형식 등의 다양한 속성과 같은 파일 관련 정보를 보여준다. File List 보기는 탐색기

탭에서 선택된 폴더에 있는 파일이다.

- **파일 내용 뷰어(File content viewer)** File List 보기에서 현재 선택한 파일의 내용을 보여준다. Viewer 툴바는 상이한 보기 포맷 선택을 제공한다.

✳ 사건 처리 옵션

사건 조사가 잘 이뤄지게 증거 데이터는 처리된다. 증거 처리 시 증거 데이터는 데이터베이스에 생성되고 저장된다. 처리된 데이터는 언제든지 볼 수 있다.

증거를 좀 더 빠르게 처리하고자 한다면 처리 옵션이 거의 모두 해제된 사전 정의 필드[predefined field] 모드를 사용한다. 후에 항목이 필요할 경우 추가 처리 옵션을 활성화해 추가 분석을 할 수 있다.

또한 파일을 분류하고 인덱싱할 여유가 있다면 더 많은 옵션을 사용할 수 있다. 이 단계에서 증거 설정이 많으면 처리 소요 시간이 매우 길어진다. 다음 그림의 옵션을 살펴보자.

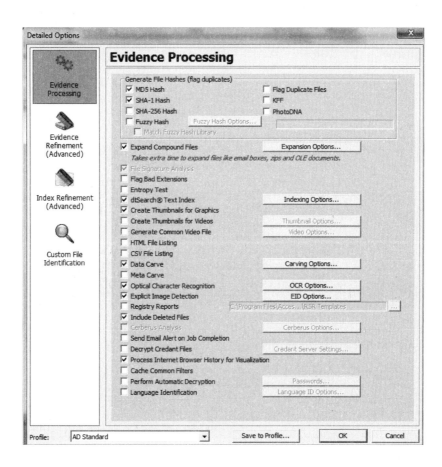

다음 표는 각 항목에 대한 간략한 설명을 보여준다.

옵션	설명
MD5 Hash	MD5를 사용해 암호를 만든다.
SHA-1 Hash	SHA-1을 사용해 암호를 만든다.
SHA-256 Hash	SHA-256을 사용해 암호를 만든다.
Fuzzy Hash	유사한 데이터를 결정하는 해시 값을 비교한다.
Match Fuzzy Hash Library	퍼지 해시 라이브러리에 대한 새로운 증거를 찾는다.

(이어짐)

옵션	설명
Flag Duplicate Files	증거에서 여러 번 발견된 파일을 찾는다.
KFF	알려진 파일에서 해시 데이터베이스를 사용한다.
Photo DNA	라이브러리 이미지와 증거 이미지를 비교한다.
Expand Compound Files	ZIP, 이메일, OLE 파일 같은 다중 파일의 내용을 마운트하고 처리한다.
File Signature Analysis	파일을 분석해 파일 헤더가 파일 확장자와 일치하는지 판별한다.
Flag Bad Extensions	파일 확장자와 불일치하는 파일 형식을 찾아낸다.
Entropy Test	압축되고 암호화된 파일을 찾는다.
dtSearch Text Index	빠른 키워드 검색을 위해 사건을 인덱스한다.
Create Thumbnails for Graphics	모든 사건 그래픽에 대해 미리보기를 생성한다.
Create Thumbnails for Videos	모든 사건 비디오에 대해 미리보기를 생성한다.
Generate Common Video File	사건 비디오에 대해 일반적인 비디오 형식을 생성한다.
HTML File Listing	사건 폴더 파일 목록을 HTML 버전으로 생성한다.
CSV File Listing	사건 폴더 파일 목록을 CSV 버전으로 생성한다.
Data Carve	파일 서명을 기반으로 증거에서 삭제된 파일을 찾는다.
Meta Carve	삭제된 디렉토리 항목 및 기타 메타데이터를 찾는다.
Optical Character Recognition(OCR)	키워드 처리 시 인식하도록 그래픽 파일에서 텍스트를 추출한다.
Explicit Image Detection	의심 가는 내용을 찾는다.
Registry Reports	자동으로 사건 내용에서 Registry Summary Reports(RSR)를 생성한다.
Include Deleted Files	사건에서 삭제된 파일을 보여준다.
Cerberus Analysis	Cerberus Malware Triage 모듈을 실행한다.

(이어짐)

옵션	설명
Send Email Alert on Job Completion	이 필드에 이메일 주소가 있다면 작업 완료 시 메시지를 보낸다.
Decrypt Credant Files	Credant 솔루션으로 암호화된 파일을 찾아 암호를 푼다.
Process Internet Browser History for Visualization	타임라인을 상세히 볼 수 있게 인터넷 브라우저 히스토리 파일을 처리한다.
Cache Common Filters	파일 목록에 있는 파일을 숨긴다.
Perform Automatic Decryption	패스워드 목록을 사용해 파일 암호 해독을 시도한다.
Language Identification	자동으로 증거에 사용된 언어를 식별한다.

마지막 옵션은 화면의 아래에 위치한 Profile이다. 기본 프로파일이나 사용자 정의 프로파일을 사용할 수 있다.

이런 옵션은 향후 툴바에 있는 Evidence 옵션을 클릭하고 Additional Analysis를 선택해 변경하거나 추가할 수 있다.

 많은 항목을 선택하면 처리 시간이 길어지므로 사건 조사에 필요한 항목만을 선택하는 것이 중요하다.

✳ 사건 증거 정제

증거 정제 과정은 날짜 필터, 파일 타입, 상태에 따라 데이터 추가나 삭제를 함으로써 증거가 어떻게 정렬되고 보여줄 것인지 명시할 수 있다.

사건의 증거 정제 옵션을 선택하려면 다음 단계를 수행한다.

1. 좌측 메뉴의 Evidence Refinement(Advanced) 아이콘을 클릭한다. 다음과

같이 두 개의 대화상자 탭을 볼 수 있다.

○ Refine Evidence by File Status/Type

○ Refine Evidence by File Date/Size

2. 다음 그림과 같이 해당 탭을 클릭한다.

첫 번째 탭은 타입이나 상태에 따라 파일을 포함하거나 제거함으로써 사건에 필요한 특정 파일에 초점을 맞출 수 있다. 예를 들어 증거로 MS 워드 파일만 검색한다면 다음 그림과 같이 필터를 적용하고 File Types 목록에서 Documents 체크박스를 선택하면 더욱 효과적이다.

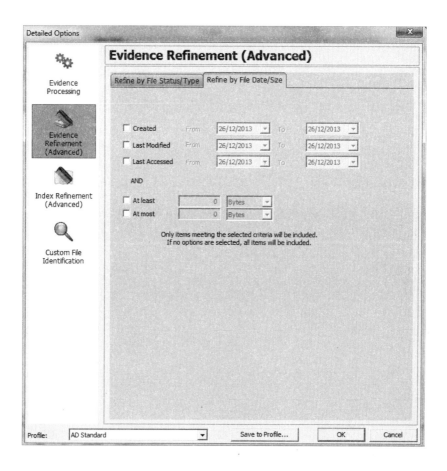

두 번째 탭은 날짜 범위나 파일 크기에 따라 증거를 정제한다. 찾고자 하는 데이터의 일부 정보를 이미 알고 있는 경우 이 필터의 적용을 추천한다. 처리 시간이 많이 절감되기 때문이다.

 Index Refinement(Advanced) 기능은 Evidence Refinement(Advanced)와 매우 유사하며, 인덱스로 처리하고 싶지 않은 데이터 타입을 설정할 수 있다. 데이터를 제외해 시간을 절약하거나 검색 효율을 증가시키는 데 사용한다.

▪▪ 정리

4장에서는 전반적인 컴퓨터 포렌식 과정을 살펴봤고, 조사 과정 동안 컴퓨터 포렌식의 중요성과 컴퓨터 포렌식이 사건 조사에 어떻게 도움이 되는지 알아봤다. 5장에서 상세하게 다룰 FTK 인터페이스도 알아봤다. 또한 FTK 도구 사용에 있어 가장 중요한 과정 중 하나인 사건 처리 옵션도 알아봤다. 정확하게 구성했다면 처리 시간과 분석 결과는 상당히 개선될 수 있다.

5장에서는 FTK 운영체제와 툴의 고급 기능을 이용해 사용 흔적을 처리하고 분석하는 문제를 자세히 살펴본다.

5장

사건 처리

5장에서는 조사 과정 동안 가장 중요한 기능인 데이터 처리와 필터링 사용법을 다룬다.

정확한 처리 기능을 이용하는 것은 사건 조사와 관련된 결과를 결정할 수 있으므로 처리 단계는 가장 중요한 단계로 간주된다.

독자는 정확한 타임존 기능의 사용이 왜 중요한지, 그리고 파일의 속성에 어떤 영향을 주는지 이해할 것이며, 필터와 검색 사용법을 배운다. 마지막으로 조사 결과 보고서를 생성할 수 있다.

■타임존 변경

증거로 채택된 파일의 잘못된 MAC 시간은 전문가가 조사 보고서에 잘못된 정보를 사용할 수 있으므로 정확한 타임존$^{Time\ Zone}$ 기능의 사용은 컴퓨터 포렌식에서 매우 중요한 부분이다.

이를 기반으로 증거가 수집된 장소의 타임존과 맞게 구성해야 한다. 예를 들어 미국 LA에 위치한 컴퓨터에서 증거 수집을 했고, 그 증거를 실험실이 있는 브라질 상파울루로 가져왔다면 파일의 MAC 시간은 수정, 변경, 또는 생성이 실제 이뤄진 시간과 맞게 타임존을 LA로 수정해야 한다.

FTK는 사건에 새로운 증거가 추가됨과 동시에 타임존 변경이 가능하다. Time Zone 필드의 드롭다운 목록에서 증거를 획득한 곳의 타임존을 선택한다. 사건에 증거를 추가해야 한다.

다음 그림을 살펴보자.

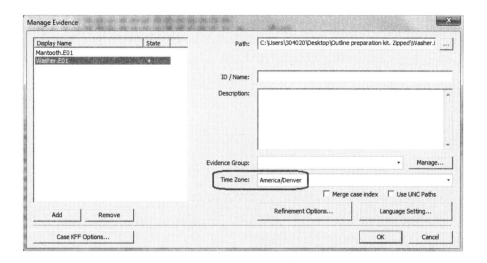

 증거를 추가한 후 Time Zone 값 변경이 가능하다. 메뉴 툴바의 View를 클릭하고 Time Zone Display를 클릭한다.

복합 파일 마운트

수사 중 중요한 정보를 찾으려면 개별적인 복합 파일 형식을 확장해야 한다. 이런 작업을 통해 ZIP 파일이나 RAR 파일 같은 컨테이너에 포함된 내부 파일을 볼 수 있다. 사건 관리자의 신규 사건 마법사, 또는 Add Evidence나 Additional Analysis 대화상자에서 이 기능을 사용할 수 있다.

마운트 가능한 복합 파일은 다음과 같다.

- **이메일 파일** PST, NSF, DBX, MSG
- **압축 파일** ZIP, RAR, GZIP, TAR, BZIP, 7-ZIP
- **시스템 파일** Windows thumbnails, registry, PKCS7, MS Office, EVT

복합 파일에 마운트하지 않으면 자식 파일은 키워드 검색이나 필터로 찾을 수 없게 된다.

복합 파일을 확장하려면 다음 단계를 수행한다.

1. 다음 중 하나를 수행한다.

   ○ 새 사건 생성을 위해 New Case Options 대화상자에서 Custom 버튼을 클릭한다.

   ○ 기존 사건이 있을 경우 Evidence ❭ Additional Analysis로 이동한다.

2. Expand Compound Files를 선택한다.

3. Expansion Options를 클릭한다.

4. Compound File Expansions Options 대화상자에서 마운트하고자 하는 파일 타입을 선택한다.

5. OK를 클릭한다.

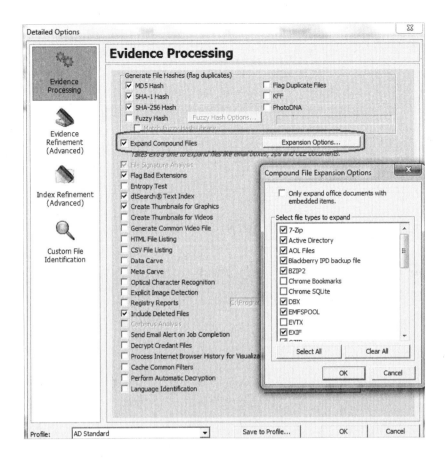

파일이나 폴더 내보내기

FTK 플랫폼이 아닌 곳에서 작업을 수행하거나 단순히 증거 발표를 하는 데 도움이 되는 일부 파일이나 폴더를 내보낼 필요가 있다.

파일이나 폴더를 내보내려면 다음 단계를 수행해야 한다.

1. 내보낼 한 개 이상의 파일을 선택한다.

2. 선택한 파일을 오른쪽을 클릭하고 Export를 선택한다.

3. 새로운 대화상자가 열릴 것이다. 내보내기를 수행하기 전에 다음과 같은 몇

가지 설정을 구성할 수 있다.

- ○ File Options 파일이나 폴더를 내보내기 위한 고급 옵션이 있는 필드다.

- ○ Items to Include 내보낼 파일이나 폴더를 선택하는 필드다. 옵션으로 체크 부분, 목록 부분, 하이라이트 부분, 전체 선택 부분이 있다.

- ○ Destination base path 파일이 저장될 폴더를 지정하는 필드다.

다음 그림을 살펴보자.

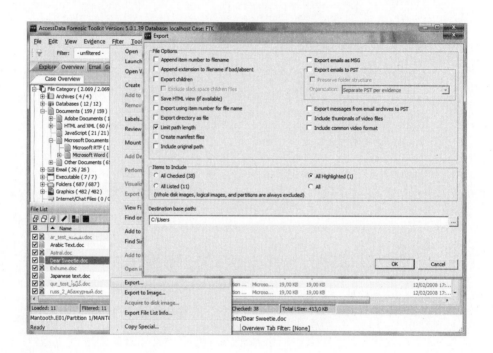

■:칼럼 설정

칼럼은 증거 데이터와 관련 있는 정보 속성이나 메타데이터를 보여준다. FTK는 가장 일반적으로 사용되는 칼럼을 제공한다. 기본적으로 관련 정보를 빠르게 검색하게 칼럼을 추가하거나 제거할 수 있다. FTK에서 칼럼을 관리하려면 File List 뷰에서 칼럼 바를 오른쪽 클릭해 Column Setting을 선택한다. 사용 가능한 칼럼의

수는 매우 많다. 타입을 선택한 후 Add 버튼을 클릭해 필요한 칼럼을 추가하거나 제거할 수 있다.

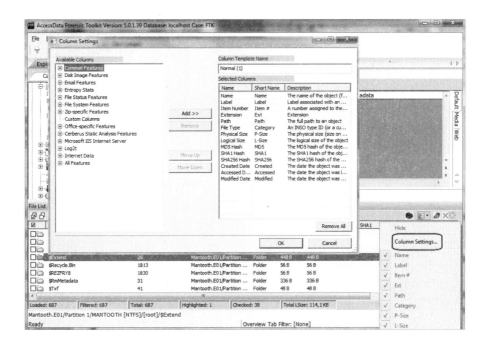

FTK에는 칼럼 설정 템플릿이 있다. 템플릿에 접근하려면 Manage를 클릭하고 Columns ▶ Manage Columns로 이동한다.

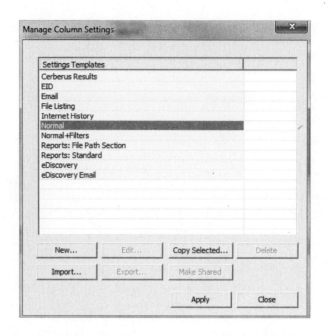

기존 템플릿을 사용하고 편집하거나 직접 템플릿을 만들 수 있다.

북마크 생성과 관리

북마크는 사건에서 참조하고자 하는 파일 그룹이다. 이런 파일 그룹은 사용자 생성 그룹이며, 목록은 나중에 참조나 보고서 출력에 사용하기 위해 저장된다. 사건에 필요한 만큼의 북마크를 생성할 수 있다. 북마크는 편의와 분류 목적으로 다른 북마크에 포함될 수 있다.

북마크는 관련 있거나 유사한 파일을 그룹화해 사건 증거를 구성하는 데 도움을 준다. 예를 들어 유사하거나 관련된 그래픽 이미지가 포함된 그래픽 북마크를 생성할 수 있다. Bookmarks 탭은 현재 사건에서 생성한 모든 북마크를 보여준다.

북마크를 생성하려면 다음 단계를 수행한다.

1. File List 뷰에서 북마크에 추가하고자 하는 파일을 선택한다.

2. 선택한 파일에서 마우스 오른쪽 클릭하고 Create Bookmark를 클릭한다.

3. 북마크에 대한 정보를 입력한다.

4. OK를 클릭한다.

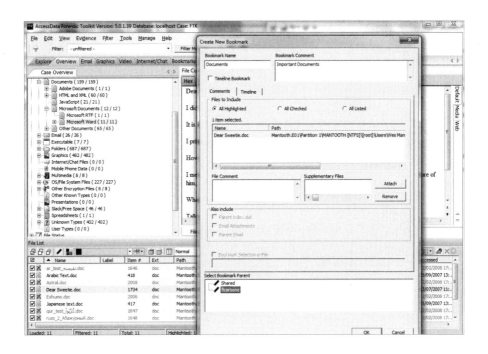

새로운 북마크 생성을 위한 주요 옵션은 다음과 같다.

- **Bookmark Name** 새로운 북마크 이름을 입력한다.

- **Bookmark Comment** 북마크에 대한 설명을 입력할 수 있다.

- **Timeline Bookmark** 타임라인 북마크 생성을 위해 이 옵션을 선택한다. 이 옵션은 사건에서 파일의 연대 관계를 보여준다.

- **File to Include** 이전에 선택한 파일을 볼 수 있는 옵션이다.

- **File Comment** 파일에 대한 설명을 입력한다.

- **Supplementary Files** 사건 조사에 도움이 되는 외부 파일을 첨부할 수 있는 옵션이다.

- **Also include** 이 옵션으로 Parent index.dat, E-mail Attachments, Parent Email를 포함할 수 있다.

- **Select Bookmark Parent** 북마크 생성에 사용하는 폴더로, 북마크를 개인적으로 사용할 것인지, 또는 공유할 것인지 결정한다.

북마크가 생성되면 필요시 파일을 추가하거나 제거할 수 있다.

 선택한 텍스트, 이메일 및 이메일 첨부 파일 같은 다른 정보를 북마크할 수 있다.

▞추가 분석 기능

사건에 증거를 추가하고 처리한 후 다른 분석 작업을 수행하기 원하는 경우가 있다.

선택한 증거의 추가 분석을 위해 Evidence를 클릭한 후 Additional Analysis를 클릭한다.

초기 증거 처리 동안 사용 가능한 대부분의 작업은 **Additional Analysis**로 사용 가능하다. 동시에 다중 처리 작업을 수행할 수 있다. 다음 그림과 같이 새로운 작업 생성을 위해 선택 항목을 확인하고 OK를 클릭한다.

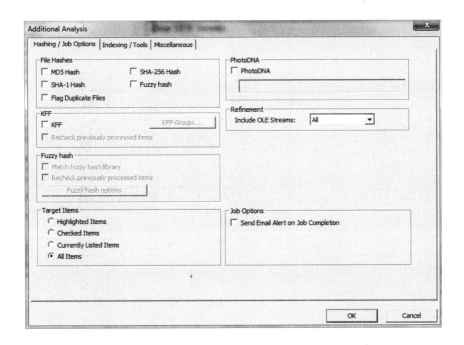

모든 처리 옵션에 대한 내용은 이전에 자세하게 설명했다. FTK를 이용한 포렌식 작업은 4장을 참조한다.

▚▖데이터 카빙

데이터 카빙^{carving}은 파일 시스템에서 삭제된 증거 데이터를 검색하는 과정이다. 데이터 카빙은 주로 할당되지 않은 클러스터에 파일 헤더^{header}와 푸터^{footer}를 식별해 수행한다. FTK는 사건에 증거 추가 시 선택 가능한 몇 가지 카버^{carver}를 제공한다. 또한 필요한 내용을 정확히 충족하는 사용자 정의 카버 생성도 가능하다.

데이터 카빙은 New Case Wizard에서 선택하거나 나중에 Additional Analysis 기능을 사용해 선택할 수 있다.

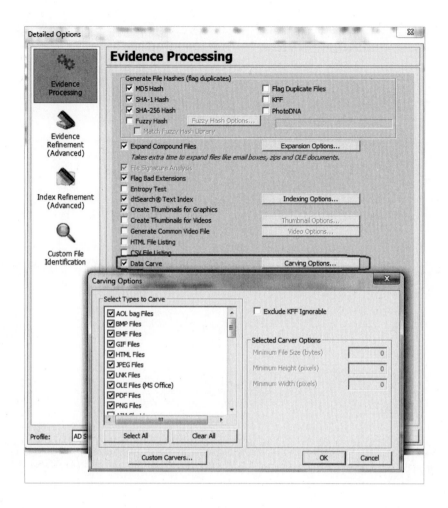

Carving Options 대화상자에서 복구하고자 하는 파일 타입을 선택한 후 OK를 클릭해 작업 수행을 위한 Detailed Options로 이동할 수 있다.

또한 복구하고자 하는 파일의 헤더와 푸터를 지정해 사용자 정의 카버를 만들 수 있다. 카버 생성을 위해 다음 단계를 수행한다.

1. 툴바 메뉴에서 Manage를 클릭한다.

2. Carver 옵션을 클릭한다.

3. 다음으로 Manage Custom Carvers를 선택한다.

이 과정을 마치면 Carved Files 필터를 사용하거나 다음 과정을 통해 카버 파일 carved file을 찾을 수 있다.

1. Overview 탭의 보기를 변경한다.
2. File Status 옵션을 선택한다.
3. 마지막으로 Data Carved Files를 클릭한다.

■ KFF를 이용한 사건 검색 범위 축소

KFF^{Known File Filter}는 사건 파일의 파일 해시 값을 비교하는 데이터베이스 유틸리티다.

분석 과정에서 KFF를 사용해 다음과 같은 작업을 수행할 수 있다.

- 40~70% 파일을 바로 식별하거나 무시한다.
- 알려진 불법contraband 파일을 바로 식별한다.

 해시는 파일 이름이나 확장자가 아닌 데이터를 기반으로 한다.

KFF 데이터베이스는 국립표준기술연구소^{NIST, National Institute of Standards and Technology}의 NSRL을 기반으로 하며 액세스데이터 웹사이트 http://www.accessdata.com/support/product-downloads에서 다운로드할 수 있다.

KFF는 Additional Analysis 기능을 사용할 때나 이후의 New Case Wizard에서 선택할 수 있다.

새로운 KFF 데이터베이스를 가져오고 그룹을 정의하려면 다음 단계를 수행한다.

1. Manage를 클릭하고 KFF를 선택한다.

2. 새로운 데이터베이스 선택을 위해 Import를 클릭한다.

3. 데이터베이스 파일을 찾기 위해 Add File을 클릭한다.

4. Status에서 Alert나 Ignore 둘 중 하나를 선택한다.

5. 파일이 있는 경로를 입력한다.

6. OK를 클릭해 KFF Hash Import Tool로 이동한다.

7. Import를 클릭해 신규 KFF 데이터베이스를 처리한다.

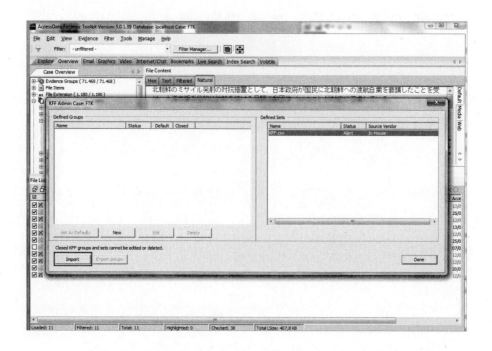

8. KFF Admin Case에서 New를 클릭해 그룹을 만든다.

9. 이전에 처리된 KFF 데이터베이스를 추가한다.

10. Done을 클릭해 완료한다.

사건에서 KFF를 실행하려면 Additional Analysis 옵션을 연다.

1. KFF를 선택하고 KFF Groups를 클릭한다.

2. 기존 그룹 이름을 확인한다.

3. Done을 클릭한다.

4. 마지막으로 OK를 클릭해 새 작업을 시작한다.

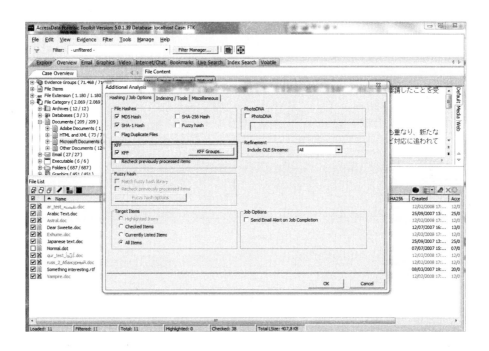

사건에서 알려진 파일을 숨기는 KFF 결과를 사용하려면 다음 필터를 사용한다.

- KFF Alert Files
- KFF Ignore Files

■■ 사건 검색

툴의 가장 중요한 기능 중 하나인 키워드 검색은 거의 모든 사건 조사에 사용되며,
파일, 문서, 이메일에 포함된 관련 정보를 찾는데 사용한다.

✱ 인덱스 검색과 라이브 검색 옵션

라이브 검색은 검색어를 설정해 모든 증거를 비트 단위로 비교하므로 인덱스 검색보다 좀 더 시간이 소요된다. 라이브 검색은 정규 표현식과 16진수 값 검색이 가능하다.

라이브 검색을 하려면 다음 단계를 수행한다.

1. Live Search 탭을 클릭한다.

2. Text 탭에서 키워드를 입력한 후 Add를 클릭한다.

3. Search Terms 목록에 입력한 키워드가 보일 것이다. Search를 클릭한다.

4. Live Search Results에 검색 결과 히트수가 보일 것이다.

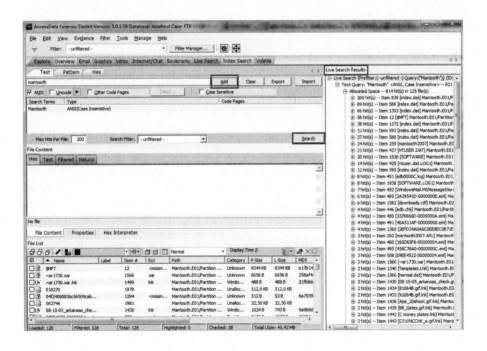

Index Search 옵션은 색인된 데이터베이스와 검색어를 비교한다. 검색 종류를 사용해 전처리 과정에서 인덱스 파일을 생성하게 선택해야 한다.

인덱스 검색을 하려면 다음 단계를 수행한다.

1. Index Search 탭을 클릭한다.

2. Terms 부분에 키워드를 입력한 후 Add를 클릭한다.

3. 키워드 히트수가 바로 보일 것이다.

4. Search Terms 목록에 입력한 키워드가 보일 것이다. Search Now를 클릭한다.

5. Index Search Results에 검색 결과 히트수가 보일 것이다.

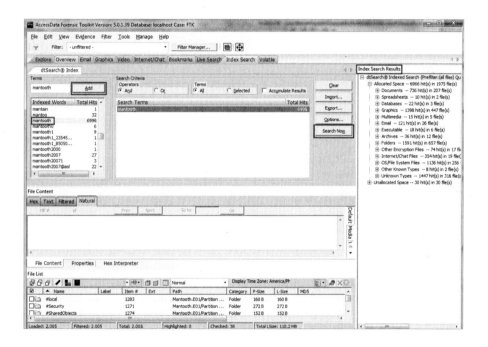

✱ 정규 표현식

정규 표현식은 검색 패턴을 설명하는 데 사용하는 특정 문자열을 말하며, 전화번호 또는 신용카드 번호와 같은 사전 정의 패턴을 가진 정보를 식별한다. 다음 그림에서 검색 패턴을 볼 수 있다.

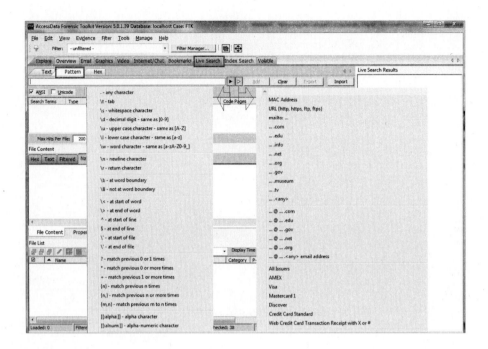

그림에서 보듯이 FTK는 사전에 준비된 많은 정규 표현식 목록이 있지만, 좀 더 좋은 결과를 얻기 위해 직접 정규 표현식을 만들 수 있다.

정규 표현식을 구성하는 것은 복잡하다. 정규 표현식 구성에 대한 기술을 이해하려면 http://en.wikipedia.org/wiki/Regular_expression과 같은 다른 소스를 참조할 수 있다.

■■ 필터 작업

필터는 큰 데이터를 매우 구체적인 부분으로 검색 범위를 좁힐 수 있기에 데이터 검사에 소요되는 시간을 단축시켜 특정 데이터를 빠르게 찾는 데 도움을 준다.

미리 정의된 필터를 사용하려면 다음 그림과 같이 Filter 툴바의 콤보박스를 클릭하면 된다.

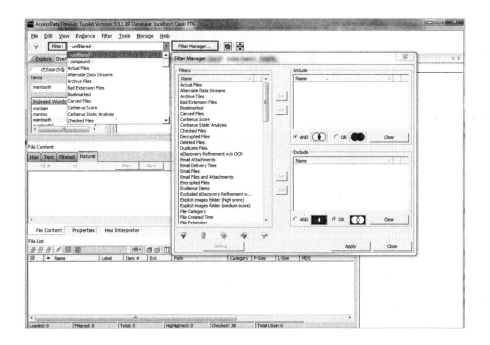

또한 필터 사이의 조합을 만들 수 있다. 필터 조합을 만들기 위해 Filter Manager를 클릭한다.

새 필터를 만들려면 다음 단계를 수행한다.

1. Manage를 클릭해 Filters ❯ Manager Filters로 이동한다.

2. New를 클릭한다.

3. 새 필터에 대한 이름과 설명을 입력한다.

4. 드롭다운 메뉴에서 속성을 선택한다.

5. 드롭다운 메뉴에서 연산자를 선택한다.

6. 드롭다운 메뉴에서 해당 기준을 선택한다.

7. 룰에 새로운 아이템을 추가하려면 + 버튼을 클릭한다.

8. OR 연산을 사용하려면 Match Any를 선택하고 AND 연산을 하려면 Match All을 선택한다.

9. 저장하기 전 필터를 테스트하려면 Live Preview 박스를 점검한다.

10. Save를 클릭한 후 Close를 클릭한다.

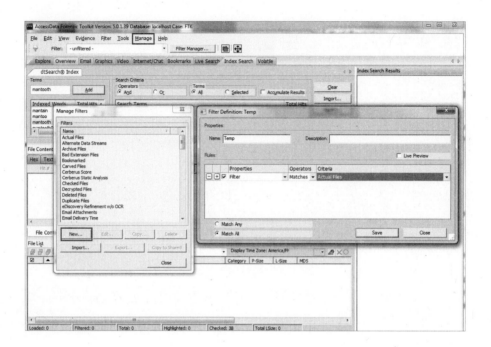

사건 보고서 작성

보고서는 조사 과정에서 가장 중요한 부분이다. 보고서는 보고서를 받은 이가 직접 보게 된다. 보고서가 확인된 증거와 제기된 범죄 사이의 관계를 명확하게 보여주지 않는다면 모든 분석 작업은 무용지물이 된다.

사건 조사와 관련된 정보에 대한 사건 보고서를 만들 수 있다. 보고서는 HTML, PDF 등 여러 포맷으로 만들 수 있다.

사건 보고서를 만들려면 다음 단계를 수행한다.

1. File을 클릭하고 Report를 클릭해 Report 마법사를 실행한다.

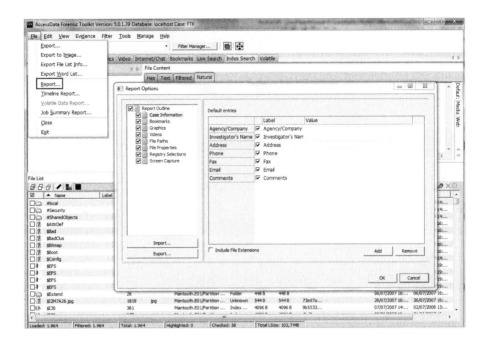

2. Report Outline 박스에서 보고서 생성에 사용할 정보를 선택하고 각각의 관련
   정보를 입력한다.

3. OK를 클릭한다.

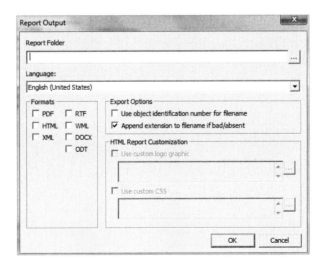

4. Report Folder 필드에서 보고서가 출력될 경로를 설정한다.

5. 보고서에 사용되는 언어를 선택한다.

6. 출력 파일 포맷을 선택한다.

7. 최종 보고서 생성을 위해 OK를 클릭한다.

이메일, 휴대 장치, 또는 웹사이트 출력 형태로 보고서 배포가 가능하다.

▪▪ 정리

5장은 필터와 키워드를 사용해 빠르고 효과적으로 관련 정보를 확인하는 데 도움이 되는 몇 가지 중요한 기능을 살펴봤다. KFF 사용법과 사건 조사에서 알려진 파일을 제거해 조사 동안 시간을 절약하는 데 KFF 기능이 얼마나 유용할 수 있는지 봤다. 또한 북마크 생성과 관리, 그리고 이런 정보를 이용해 최종 보고서를 어떻게 생성하는지 알아봤다.

6장에서는 FTK v5의 새로운 기능을 알아본다.

6장

FTK 5의 새로운 기능

6장은 최신 제품 버전으로 개발된 FTK 5의 새로운 주요 기능을 다룬다.

모든 기능을 상세하게 다루지는 않겠지만, 각 기능의 목적을 이해하고 사건 조사에 이런 기능을 적용할 수 있을 것이다.

이런 새로운 기능(이전에 오랜 시간이 걸렸거나 특정 도구 없이 달성하기 불가능했을 작업)이 증거를 빠르게 찾는 데 어떻게 도움이 되는지 이해하자.

∷ 분산 처리

분산 처리는 네트워크상의 다른 컴퓨터의 리소스를 이용해 수사 성과와 처리를 향상시킨다. 이 리소스를 사용하려면 이용 가능한 모든 컴퓨터에 분산 처리 엔진DPE, Distributed Processing Engine을 추가 설치할 필요가 있다.

처리 단계에서 하드웨어 리소스를 많이 필요로 하지만, 이에 반해 분산 처리는 수사관의 장비를 업그레이드할 필요 없이 처리 시간을 단축하는 데 도움이 된다는 점을 알고 있다.

DPE 제품은 FTK가 설치된 디스크의 다음 경로에서 찾을 수 있다.

[드라이브명]:\FTK\AccessData Distributed Processing Engine.EXE.

DPE가 설치되면 사건 처리, 부하 분산, 그리고 처리 시간 최소화에 다른 장비를 사용할 수 있다.

∷ 암호화 지원

FTK 사용자는 증거를 검토하는 동안 즉석on-the-fly 암호 복구를 위해 PRTKPassword Recovery Toolkit으로 직접 파일을 보낼 수 있다.

지원하는 파일에는 Credant, SafeBoot, Utimaco, SafeGuard Enterprise&Easy, EFS,

PGP, GuardianEdge, Pointsec, S/MIME OpenOffice, TrueCrypt, FileVault(애플),
FileVault 2(애플), DMG 파일(애플), RAR, WinZip 고급 암호화를 포함하는 ZIP,
7-Zip, 암호로 보호된 iOS 백업 파일, PGP 패스워드 파일, BCArchive,
BCTextEncoder, ABICoder, AdvancedFileLock, AShampoo, CryptoForge,
Cypherus 등이 있다.

PRTK 툴은 7장에서 상세히 다룬다.

::: 데이터 시각화

데이터 시각화는 사건에 있는 파일이나 이메일의 이해와 분석을 향상시키도록 그래
픽 인터페이스 기능을 제공한다. 이를 통해 파일이나 이메일에 근거한 데이터를
볼 수 있다.

데이터 시각화는 다음과 같은 데이터 타입을 지원한다.

- **File data** Explorer 탭이나 Overview 탭에서 파일 데이터를 보여준다.
- **E-mail data** Email 탭에서 이메일 데이터를 보여준다.
- **Internet browser history** 인터넷 브라우저 히스토리 데이터를 보여준다.

데이터 시각화를 열려면 데이터셋을 선택하는 Explorer, Overview, Email 탭을 참
조한다. Tools를 클릭하고 Visualization을 선택한다.

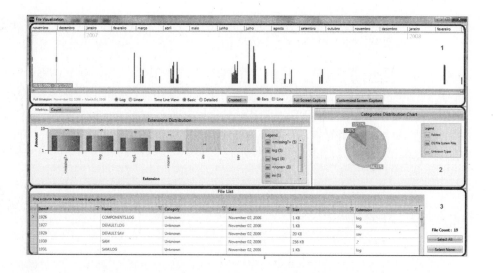

데이터 시각화는 다음과 같은 세 가지 주요 구성 요소가 있다.

- **Time line pane**　이용 가능한 데이터를 그래픽으로 보여준다.
- **Dashboard**　데이터를 그래픽 차트로 보여준다.
- **Data list pane**　데이터 항목 리스트를 보여준다.

일반적으로 데이터 시각화 기능을 사용하려면 별도의 라이선스가 필요하다. 솔루션 구입 시 이 라이선스 정보를 확인한다.

■■싱글 노드 엔터프라이즈

1장에서 언급했듯이 네트워크를 통해 원격지 데이터를 수집하려면 액세스데이터 엔터프라이즈 AD와 같은 기업용 버전 제품이 필요하다.

하지만 FTK 포렌식에서는 매우 흥미로운 기능으로 싱글 노드 엔터프라이즈라는 한 개의 단일 에이전트로 제한해 원격으로 데이터 수집을 할 수 있는 기능을 제공한다. 이 기능을 사용하려면 다음 단계를 수행한다.

1. Tools를 클릭하고 Push Agents를 선택한다.

2. 수집하고자 하는 장비의 IP 주소나 호스트명을 입력하고 Add를 클릭한다.

3. OK를 클릭한다.

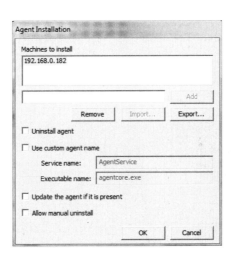

4. 원격 장비나 액티브 디렉토리 구성에서 자격증명 정보를 입력하고 Add를 클릭한다.

5. OK를 클릭해 에이전트 프로세스 배포를 시작한다.

또한 수동으로 에이전트를 실행할 수 있고, 에이전트의 해당 경로는 C:\Program Files\ AccessData\Forensic Toolkit\5.0\bin\Agent다.

원격 장비에 에이전트가 배포되면 장치에 연결되고 다음 과정을 걸쳐 사전 분석이나 데이터 수집을 수행할 수 있다.

1. Evidence를 클릭하고 Add Remote Data를 선택한다.

2. 원격지 IP 주소를 입력하고 OK를 클릭한다.

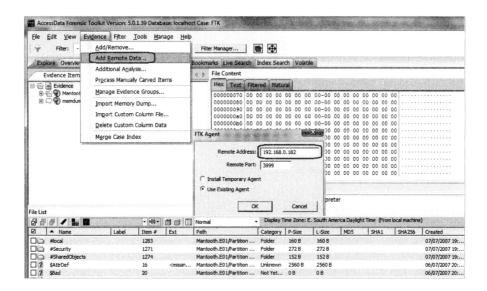

분석이나 수집이 가능한 증거로 장비(컴퓨터)가 추가될 것이다.

 방화벽에 TCP 3999 포트가 열려 있고 WMI 서비스가 활성화되고 실행 중인지 확인한다.

고급 휘발성 메모리 분석

휘발성 데이터는 정보가 수시로 변경되며 파워가 다운될 때 종종 사라진다. 이런 유형의 정보는 장비가 켜진 상태에서 수집해야 하며, 이를 라이브 습득[live acquisition]이라 한다.

휘발성 데이터는 메모리에서 실행 중인 프로세스, 네트워크 연결 정보, 클립보드의 내용, 데이터에 대한 정보를 담고 있다. 이 정보는 사건 원인을 밝히고 특정 행동을 이해하는 데 매우 중요할 수 있다.

5장에서 보았듯이 FTK Imager는 데이터 수집, 특히 메모리 데이터 수집에 도움이 된다. 데이터가 수집되면 FTK 플랫폼을 이용해 심층 분석이 가능하다.

메모리 분석을 시작하려면 먼저 다음과 같이 사건에 덤프한 파일을 추가한다.

1. Evidence를 클릭하고 Import Memory Dump를 선택한다.

2. 파일이 추가되면 추출된 증거 데이터를 모두 보도록 Volatile 탭을 선택한다.

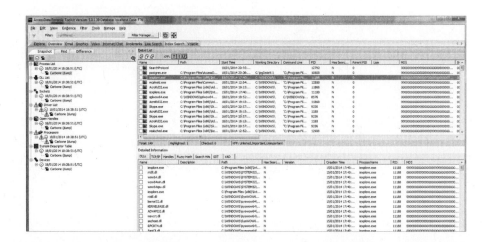

정보는 FTK 인터페이스를 사용해 분석 처리를 도울 수 있는 분류된 형태로 보여
준다.

▪▪명백한 이미지 탐지

사건 조사가 자료 검색과 어떤 관계가 있을 경우 이런 정보를 수동 검색하지 않고
증거에서 이와 같은 내용을 찾기 위해 명백한 이미지 탐지[EID, Explicit Image Detection]
를 사용할 수 있다.

EID 분석을 수행하려면 다음 단계를 수행한다.

1. Evidence를 클릭하고 Additional Analysis를 선택한다.

2. Indexing/Tools 탭을 선택한다.

3. Other Tools 부분에서 Explicit Image Detection 옵션을 선택한다.

4. 스캔 타입 옵션을 선택하고 OK를 클릭한다.

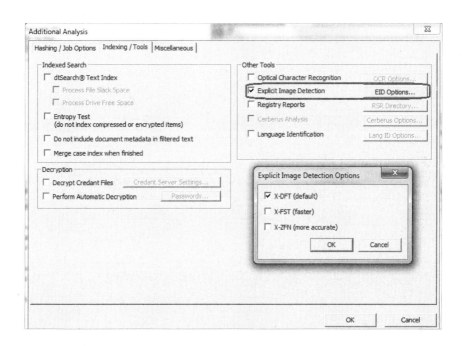

스캔 타입 사이의 차이점은 조사의 정확도와 관련이 있고, 더 높은 정확도를 선택하면 프로세스를 완료하는 시간에 영향을 줄 수 있다.

EID 분석 결과를 시각화하려면 Explicit Images Folder와 관련된 필터를 사용하면 된다.

 일반적으로 EID 기능을 사용하려면 별도의 라이선스가 필요하다. 솔루션 구입 시 이 정보를 확인한다.

케르베로스를 이용한 악성코드 분류와 분석

케르베로스[Cerberus]는 실행 가능한 바이너리 파일의 악성코드를 분석할 수 있다. 디스크, 네트워크 공유 또는 시스템 메모리에 언팩된[unpacked] 실행 바이너리 파일 분석을 위해 케르베로스를 사용할 수 있다.

케르베로스는 다음과 같은 분석 단계로 구성된다.

- **위협 분석(Threat analysis)** 잠재적 악성 코드를 식별하는 일반 파일이나 메타데이터 분석

- **정적 분석(Static analysis)** 코드 요소를 검사하는 역어셈블리[disassembly] 분석

케르베로스 사용은 매우 간단하며, 다음 단계를 따라 수행한다.

1. Evidence를 클릭하고 Additional Analysis를 선택한다.

2. Indexing/Tools 탭을 선택한다.

3. Other Tools 부분에서 Cerberus Analysis 옵션을 선택한다.

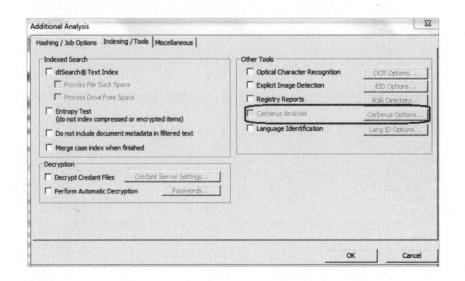

다음 그림과 같이 케르베로스 분석 결과와 실행 바이너리에 대한 위협 수치가 나타난다.

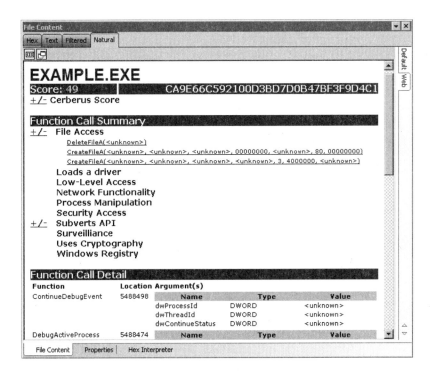

케르베로스 분석 결과를 시각화하려면 Cerberus Score 또는 Cerberus Static Analysis와 관련된 필터를 사용하면 된다.

일반적으로 케르베로스 기능을 사용하려면 별도의 라이선스가 필요하다. 솔루션 구입 시 이 정보를 확인한다.

■■MPE

스마트폰은 파일, 사진이나 비디오, 통화 기록, 위치 정보 등과 같은 사건과 관련된 정보를 갖고 있으므로 조사 중 분석하는 가장 중요한 증거 중 하나다.

모바일 폰 시험관MPE, Mobile Phone Examiner는 쉽고 간단한 인터페이스, 데이터 시각화, 그리고 하나의 포렌식 인터페이스에 스마트 장치 지원을 제공하는 모바일 포렌식 솔루션이다. MPE 이미지는 FTK와 잘 통합해 여러 모바일 기기의 증거와 단일 인터페이스 내의 여러 컴퓨터 증거를 연관시킬 수 있다.

다음은 MPE를 이용한 스마트폰 분석 예를 보여준다.

■■정리

6장은 새로운 버전의 포렌식 툴킷Forensics ToolKit의 주요 기능을 다뤘다. 흔히 실행하는 데 시간이 오래 소요되는 작업은 이런 새 기능을 이용해 좀 더 간단하게 수행할 수 있다.

FTK 5는 여러 종류의 디지털 미디어의 정보를 수집하고 분석할 수 있는 완벽한 플랫폼이며, 빠르고 효율적으로 증거를 추출할 수 있다. 통합되고 사용하기 쉬운 플랫폼인 FTK 5의 새로운 기능은 수사관의 업무에 도움을 준다.

7장에서는 암호를 해독하고 복구하는 툴인 PRTK에 대해 자세히 알아본다.

7장

PRTK를 이용한 작업

7장은 PRTK^{Password Recovery Toolkit}와 DNA^{Distributed Network Attack}를 다룬다. 두 가지 모두 패스워드 크래킹 기능을 제공한다. 컴퓨터 포렌식 조사에 PRTK와 DNA를 사용해 패스워드로 보호된 파일이나 패스워드가 걸려 있는 시스템에 접근할 수 있다.

이 툴의 주요 차이점은 PRTK는 하나의 장비에서만 실행되지만, DNA는 네트워크를 통해 여러 대의 장비를 사용한다는 점이다.

7장을 학습함으로써 독자는 이 툴들의 차이점과 인기 있는 패스워드 복구 소프트웨어 애플리케이션 툴들의 사용법을 이해할 수 있다.

■■ PRTK 개요

패스워드 사용을 통한 암호화나 데이터 보호는 컴퓨터 사용자들 사이에서 꾸준히 증가해 왔다. 암호화는 전략적 사업 문제로 간주돼 대부분의 회사에 채택된다.

PRTK와 DNA 최신 안정화 버전은 http://www.accessdata.com/support/product-downloads에서 다운로드할 수 있다.

PRTK는 패스워드 크래킹을 위해 다양한 제품을 지원한다. 지원하는 모든 종류의 제품과 공격 유형에 접근하려면 Help를 클릭한 후 Recovery Modules를 클릭한다.

다음 표는 지원하는 제품의 일부 예를 보여준다.

모듈 이름	디스플레이 이름	공격 유형	지원 제품
ABICoder	ABICoder Password Module	사전 공격	제품 이름: ABI Coder 지원 버전: 3.5.7.4-3.6.1.4
Access	MS Access Password Module	해독 사전 공격	제품 이름: MS 액세스 지원 버전: 2013까지
ACT	ACT! Password Module	해독	제품 이름: ACT! 지원 버전:1-4, 2000, 5-6

(이어짐)

모듈 이름	디스플레이 이름	공격 유형	지원 제품
AdvancedFileLock	AdvancedFileLock Password Module	사전 공격	제품 이름: Advanced File Lock 지원 버전: 6-7.1
AIM	AIM Password Module	해독 사전 공격	제품 이름: AOL Instance Messenger 지원 버전: 7.5까지
			제품 이름: AIM Triton 지원 버전: 1.5까지
			제품 이름: AIM For Windows 지원 버전: 전체
AmiPro	AmiPro Password Module	사전 공격	제품 이름: AmiPro 지원 버전: 알 수 없음

▪▪PRTK 인터페이스 이해

PRTK 인터페이스는 몇 가지 옵션을 가진 매우 간단한 구성으로 돼 있다. 기본적으로 자동 처리되며 사용자 개입은 필요 없다. 인터페이스에 대한 주요 기능은 다음과 같다.

- **Menu** 메뉴로 모든 기능과 설정 및 튜닝 옵션에 접근할 수 있다.
- **Toolbar** 툴의 주요 기능에 빠르게 접근할 수 있다.
- **View All** 주요 보기 화면으로 패스워드 크래킹 공격 상태를 추적할 수 있다.
- **Properties** 공격 대상 파일에 대한 정보를 볼 수 있다.

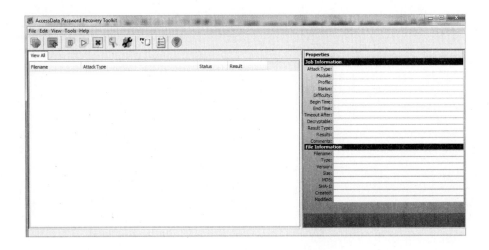

주요 기능과 구성은 다음 절에서 다룬다.

사전 생성과 관리

사전은 패스워드 복구에 사용하는 최적화 도구다. 사전을 이용해 일반적인 패스워드보다는 구체적인 예측 가능한 패스워드가 테스트된다. 이 유틸리티는 PRTK에서 이용할 수 있게 다양한 사용자 정의 사전을 만든다.

 사전을 수정하거나 삭제하려면 다시 복구할 수 없으므로 단어 목록과 사전을 백업해 놓는다.

사전 유틸리티는 여러 종류의 사전을 만들거나 수정할 수 있다.

사전 유틸리티를 만들려면 다음 단계를 수행한다.

1. Tools를 클릭한 후 Dictionary Tools를 클릭한다.

2. AccessData Dictionary Import Utility 화면이 나올 것이다. Dictionary Tools

를 다시 클릭한다.

3. 다음 표의 목록에 있는 사용하고자 하는 특정 툴을 선택한다.

다음 표는 Dictionary Tools 메뉴로 접근할 수 있는 툴과 그 기능을 보여준다.

툴	기능
Dictionary Browser	각 사전의 단어를 보거나 특정 사전을 삭제한다.
Dictionary Info	사전 유형, 암호화, 언어, 단어 수, 설명 등과 같은 사전과 관련된 상세 내용을 보여준다.
Biographical Dictionary Generator	신상 정보와 입력된 신상 자료의 조합을 이용해 예측 가능한 패스워드 사전을 만든다.
Pass-phrase Dictionary Generator	구문 파일과 구문 파일의 하위 문장을 이용해 사전을 만든다.
Permutation Dictionary Generator	단어 목록 파일과 단어 목록 파일의 단어 치환을 사용해 사전을 만든다.
Standard Dictionary Generator	단어 목록 파일을 사용해 사용자 정의 사전을 만든다.
Golden Dictionary Merge	두 개의 Golden Dictionary를 하나의 Golden Dictionary로 합쳐 준다.

 대부분의 사람들은 자신의 개인 정보를 조합해 패스워드를 만드는 것이 매우 일반적이므로 신상 사전(Biographical Dictionary)은 패스워드를 크래킹하는 데 매우 유용하다.

▪▪ 패스워드 복구를 위한 세션 시작

패스워드 복구 툴을 이용하는 것은 매우 간단하다. 몇 번의 클릭으로 패스워드 크래킹 세션을 준비하고 실행한다.

✳ 프로파일 관리

패스워드 복구 처리를 위해 PRTK를 사용하려면 사건 조사에 맞는 프로파일을 선택해야 한다. 프로파일은 일련의 특정 규칙으로, 이용할 패스워드 복구 유형을 정의하는 데 사용해야 한다.

디폴트 프로파일 중 하나를 사용하거나 사용자 정의 프로파일을 만들어 사용할 수 있다.

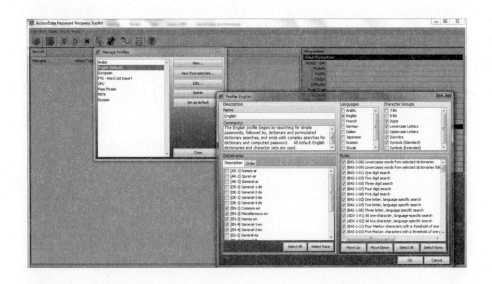

관례상, 이 책은 디폴트 프로파일로 English를 사용한다.

새로운 패스워드 크래킹 세션을 시작하려면 다음 단계를 수행한다.

1. File ❯ Add Files로 이동하거나 다음 그림과 같이 툴바의 해당 버튼을 클릭한다.

2. 보호된 파일을 선택하고 Add를 클릭한다.

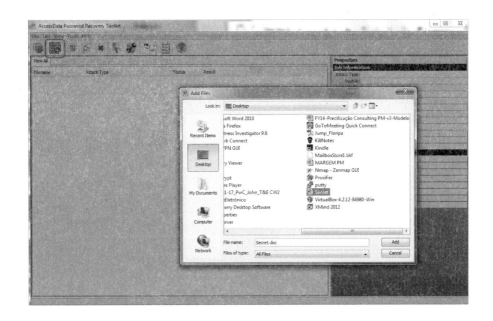

3. 추천하는 공격 종류가 나올 것이다. 필요에 따라 공격 종류를 변경하거나 표
   시된 기본 모델로 선택할 수 있다.

4. Finish를 클릭해 크래킹을 시작한다.

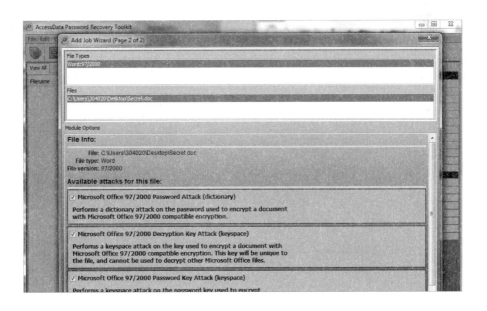

크래킹이 각 기술별로 시작되면 크래킹 진행 상태를 볼 수 있을 것이다.

패스워드를 획득하는 시간은 소프트웨어 애플리케이션의 복잡성이나 패스워드에 사용된 알고리즘에 따라 크게 달라질 수 있다.

또한 패스워드 크래킹 과정은 하드웨어 용량, 특히 프로세스에 따라 크게 좌우된다. 빠른 속도를 얻기 위해 비디오카드(GPU)와 같은 특정 암호 해독 장비를 사용한다.

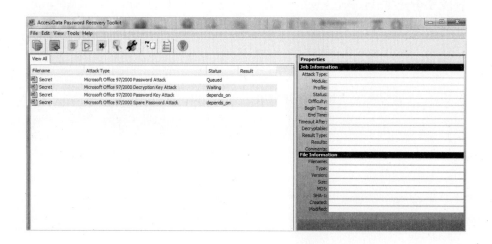

상호작용이나 수정은 거의 필요 없고 프로세스는 완전히 자동으로 수행된다.

 PRTK에 파일을 추가하려면 드래그앤드롭 명령을 사용할 수 있다.

DNA

앞에서 언급했듯이 패스워드 크래킹 과정은 많은 하드웨어 리소스가 요구된다.

DNA는 네트워크를 통해 컴퓨터 간의 리소스를 공유하고 배포하는 툴이다.

DNA는 솔루션 아키텍처를 제외하고는 PRTK 기능과 매우 유사한 인터페이스를 갖고 있다.

다음과 같이 DNA 시스템은 두 가지 구성 요소가 있다.

- Supervisor DNA 시스템에서 Worker 컴퓨터와 이 컴퓨터의 작업을 제어하는 머신이다. Worker가 설치되기 전에 설치한다.
- Worker 해독이나 패스워드 크래킹 작업을 진행한다. 시스템에 있는 각 컴퓨터에 적합한 Worker 설치 프로그램을 실행해야 한다.

▓ 정리

7장은 RPTK 포렌식 툴의 기초 사용법을 다뤘으며, DNA 툴 또한 간단하게 살펴봤다.

이 툴을 이용한 리소스 사용 방법은 매우 진보했으며, 거의 모든 파일의 패스워드를 복구할 수 있다.

조사 결과에 중요한 단서가 되는 암호로 보호된 파일을 발견할 수 있으며, 따라서 PRTK는 디지털 수사에 사용하는 필수 툴이다.

찾아보기

ㄱ ~ ㅁ

계정 정보 51
광학 미디어 28
국립표준기술연구소 83
다중 사용자 56
대체 미디어 29
데이터 저장 매체 28
데이터 카빙 81
동글 코드미터 하드웨어 21
디지털 범죄 54
라이브 검색 63, 86
라이브 습득 99
레지스트리 구조 45
레지스트리 뷰어 44
레지스트리 파일 46
메뉴 바 33
메모리 캡처 39, 42
명백한 이미지 탐지 100
모바일 폰 시험관 104
미리 보기 35

ㅂ ~ ㅊ

변경 시간 50
보고서 생성 48
보고서 언어 56
보기 창 34
보호된 파일 40
복합 파일 74
부팅 디스크 55
북마크 63, 78
분산 처리 94
분산 처리 엔진 94
비트 스트림 28
사건 관리자 73
사건 보고서 90
사건 비디오 66
사용자 관리 56

사용자 정보 44
사용자 정의 사전 110
사용자 정의 칼럼 62
사용자 추가 24
사전 정의 필드 64
생성 시간 50
수정 시간 50
수집과 보존 55
스캔 타입 101
시스템 파일 73
신상 사전 111
싱글 노드 엔터프라이즈 96
쓰기 방지 장치 30, 55
암호화 파일 41
암호화된 데이터 41
압축 파일 73
액세스데이터 20
원격 수집 55
위협 분석 102
이메일 63
이메일 파일 73
이미지 마운트 38
이미지 마운팅 42
이미지 포맷 30
인덱스 검색 63, 86
자기 미디어 28
자료 악용 54
접근 시간 50
정규 표현식 86
정적 분석 102
제출물 56
증거 수집 72
증거 이미지 66
증거 정제 67
증거 타입 61
증거 트리 뷰어 63
증거 파일 31

증거물 추가 35
최신 안정화 버전 108
추가 분석 80

ㅋ ~ ㅎ

카버 81
카버 파일 83
칼럼 설정 템플릿 77
컴퓨터 포렌식 54
케르베로스 102
코드미터 USB 44
클러스터 29
키워드 검색 74, 85
타임존 설정 50
탐색기 63
툴바 33
파일 내용 뷰어 64
파일 리스트 뷰어 63
파일 슬랙 29
파일 시스템 31
파일 헤더 66
패스워드 복구 툴 111
패스워드 크래킹 세션 112
퍼지 해시 라이브러리 65
포렌식 복제기 55
포렌식 이미지 생성 37, 42
표준 시간대 62
푸터 81
프로파일 112
휘발성 63
휘발성 데이터 39, 99

A ~ E

Access time 50
AccessData 20
AD 엔터프라이즈 20
Alternative media 29
AND 연산 89
Application Administrator 58
atime 50
Biographical Dictionary 111
Bookmarks 63
Boot disks 55
Capture Memory 40, 42
carved file 83

carver 81
carving 81
Case Administrator 58
Case Folder Directory 60
Case Reviewer 58
Cerberus 102
Cerberus Analysis 66
Change time and creation time 50
Chat 63
CodeMeter USB 44
Credant 솔루션 67
CSV File Listing 66
ctime 50
Custom Content Sources 34
Data Carve 66
Database Directory 60
Database 컴포넌트 23
Description 60
Description File 60
Detect EFS Encryption 42
Detect Encryption 41
Distributed Engine 컴포넌트 23
Distributed Network Attack 108
Distributed Processing Engine 94
DNA 108, 114
DPE 94
EFS 암호화 41
EID 100
Email 63
Evidence Tree 34
Evidence tree viewer 63
Explicit Image Detection 66, 100
Explorer 63

F ~ J

File content viewer 64
File list viewer 63
File List 34
file slack 29
Flag Duplicate Files 66
Forensic duplicators 55
Forensic Toolkit 20
FTK 20
FTK Imager 28
FTK Imager 인터페이스 32

FTK 다운로드 21
FTK 요구 사항 21
FTK 통합 48
FTK 포렌식 20
Full 디스크 이미지 38
Fuzzy Hash 65
Generate Common Video File 66
Hex Value Interpreter 34
HTML File Listing 66
Image Mounting 42
Include Deleted Files 66
Index Refinement 69
Index Search 63
Internet 63
Items to Include 76

K ~ O

KFF 66, 83
Known File Filter 83
Language Settings 62
live acquisition 99
Live Search 63
Logical Drive 61
MAC 시간 정보 50
Magnetic media 28
Match Fuzzy Hash Library 65
MD5 Hash 65
Meta Carve 66
Mobile Phone Examiner 104
Modification time 50
MPE 104
mtime 50
NIST 83
NSRL 83
NTUSER.DAT 45
Obtain Protected Files 40
Open the case 60
Optical media 28
Overview 63

P ~ T

Pagefile.sys 40
Password Recovery Toolkit 94
Perform Automatic Decryption 67
Photo DNA 66

Physical Drive 61
PostgreSQL 21
predefined field 64
Processing Profile 60
Properties 34
Protected Files 42
PRTK 94
RAR 파일 73
Reference 60
Regedit 44
Registry Reports 66
Registry Viewer 44
Remote acquisition 55
SHA−1 Hash 65
SHA−256 Hash 65
Static analysis 102
Supervisor 115
Supplementary Files 80
Threat analysis 102
Time Zone 50
Time Zone Display 73

V ~ Z

View User Guide 23
Viewer 34
Volatile 63
Worker 115
write blocker 30, 55
ZIP 파일 73

FTK를 이용한 컴퓨터 포렌식

실무에서 활용하는 포렌식 통합 분석

인 쇄 | 2014년 6월 23일
발 행 | 2014년 6월 30일

지은이 | 페르난도 카르보네
옮긴이 | 김 도 균

펴낸이 | 권 성 준
엮은이 | 김 희 정
       박 창 기
표지 디자인 | 한국어판_그린애플
본문 디자인 | 최 광 숙

인 쇄 | 한일미디어
용 지 | 다올페이퍼

에이콘출판주식회사
경기도 의왕시 계원대학로 38 (내손동 757-3) (437-836)
전화 02-2653-7600, 팩스 02-2653-0433
www.acornpub.co.kr / editor@acornpub.co.kr

Copyright ⓒ 에이콘출판주식회사, 2014, Printed in Korea.
ISBN 978-89-6077-581-7
ISBN 978-89-6077-210-6 (세트)
http://www.acornpub.co.kr/book/ftk-computer-forensics

이 도서의 국립중앙도서관 출판시도서목록(CIP)은 서지정보유통지원시스템 홈페이지(http://seoji.nl.go.kr)와
국가자료공동목록시스템(http://www.nl.go.kr/kolisnet)에서 이용하실 수 있습니다.(CIP제어번호: 2014018696)

책값은 뒤표지에 있습니다.

에이콘출판의 기틀을 마련하신 故 정완재 선생님 (1935-2004)